Ulrike Hinrichs | Nizar Romdhane | Markus Tiedemann

Unsere Tochter nimmt nicht am Schwimmunterricht teil!

50 religiös-kulturelle Konfliktfälle in der Schule und wie man ihnen begegnet

Verlag an der Ruhr

Titel
„Unsere Tochter nimmt nicht am Schwimmunterricht teil!"
50 religiös-kulturelle Konfliktfälle in der Schule und wie man ihnen begegnet

Autoren
Ulrike Hinrichs, Nizar Romdhane, Markus Tiedemann

Titelbildmotiv
© javarman – fotolia.com

Verlag an der Ruhr
Mülheim an der Ruhr
www.verlagruhr.de

Geeignet für die Klassen 1–13

Editorischer Hinweis:
Alle im Buch zitierten Koranverse folgen der Übersetzung des Korans aus dem Arabischen ins Deutsche von Adel Theodor Khoury, erschienen im Gütersloher Verlagshaus 2004. Alle abgedruckten Bibelzitate und -stellen basieren auf der Lutherausgabe von 1912 auf www.bibel-online.net

Unser Beitrag zum Umweltschutz:
Wir sind seit 2008 ein ÖKOPROFIT®-Betrieb und setzen uns damit aktiv für den Umweltschutz ein. Das ÖKOPROFIT®-Projekt unterstützt Betriebe dabei, die Umwelt durch nachhaltiges Wirtschaften zu entlasten.
Unsere Produkte sind grundsätzlich auf chlorfrei gebleichtes und nach Umweltschutzstandards zertifiziertes Papier gedruckt.

ISBN 978-3-8346-0969-4

Printed in Germany

Vorwort

Im Zeitalter der Moderne ist die zunehmende Vernetzung und Interdependenz unterschiedlichster Kulturen und Lebensformen unbestreitbar. Dieses Faktum ist eine Bereicherung, birgt aber auch Herausforderungen, denen nicht mit einer nihilistischen Grundhaltung nach dem Motto „anything goes!" begegnet werden darf. Diese nur scheinbare Toleranz fördert Abschottung statt Austausch und vernachlässigt schnell die Grundrechte des Einzelnen. Der französische Philosoph Pascal Bruckner spricht vom Paradoxon des naiven Multikulturalismus. Dieser gewährt allen Gemeinschaften die gleiche Behandlung, nicht aber den Menschen, aus denen sie sich zusammensetzen, denn er verweigert ihnen die Freiheit, sich von ihren eigenen Traditionen loszusagen. Multikulturalismus verstanden als offene, pluralistische Gesellschaft kann viele, aber eben nicht alle Kulturgemeinschaften und Lebensformen dulden. Regulativ ist die Forderung Kants, wonach die Freiheit des einen mit der Freiheit aller anderen bestehen können muss. Erforderlich ist das stets neu auszubalancierende Gleichgewicht von Toleranz und Verbindlichkeit. Austragungsort für diese Konsensfindung sind alle Bereiche der Zivilgesellschaft. Erziehungseinrichtungen, Schulen und Sozialarbeit kommt hierbei eine besondere Bedeutung zu.

Der vorliegende Ratgeber greift 50 religiös-kulturell geprägte Konfliktanlässe auf. Er informiert über die kulturellen Wurzeln der jeweiligen Forderungen und alternativer Deutungen dieser Tradition. Weiterhin werden die geltende Rechtslage dargestellt und weiterführende Anregungen und Empfehlungen unterbreitet. Der Ratgeber versteht sich somit als Handbuch für Lehrer, Pädagogen und streitbare Bürger. Zudem bietet er ein Curriculum für Unterricht und soziologische Reflexion.

Über die Autoren

Ulrike Hinrichs arbeitet als selbstständige Rechtsanwältin, Mediatorin und Coach in Hamburg und Berlin. Zudem ist sie Dozentin für Recht und Ausbilderin für Mediation. Im Verlag an der Ruhr ist von der Autorin bereits der Rechtsratgeber für Jugendliche „ZuRecht finden" erschienen. Ulrike Hinrichs engagiert sich für das ehrenamtliche Projekt des Berliner Anwaltsvereins „Anwälte gehen in die Schule", bei dem sie im Rahmen von Schulbesuchen Jugendlichen zu Fragen rund um das Thema Recht Rede und Antwort steht.
Webseite der Autorin: www.verhandlungsraum.de

Nizar Romdhane studierte Islamwissenschaften, Politik und Soziologie an der Johann Wolfgang Goethe-Universität in Frankfurt am Main und ist seit 2007 wissenschaftlicher Mitarbeiter am Institut für Vergleichende Ethik an der Freien Universität Berlin. Das Thema „Islam und Muslime in pluralen Gesellschaften" zählt zu seinen zentralen Forschungsgebieten. In seinem aktuellen Forschungsprojekt untersucht er die Frage, inwiefern das Leben in säkularen Gesellschaften Auswirkungen auf das religiöse Selbstverständnis und auf die Identität von Muslimen hat.

Markus Tiedemann studierte Philosophie, Geschichte, Erziehungswissenschaften und Psychologie in Hamburg und Hagen und war Stipendiat der Friedrich-Ebert-Stiftung. Nach dem Zweiten Staatsexamen war er zehn Jahre als Lehrer an einer Gesamtschule und als Fachseminarleiter für die Fächer Philosophie und Ethik tätig. Er lehrte als Professor für Didaktik der Philosophie an der Johannes Gutenberg Universität in Mainz und folgte 2010 einem Ruf an die Freie Universität Berlin. Veröffentlichungen von Markus Tiedemann wurden bisher in fünf Sprachen übersetzt. Im Verlag an der Ruhr erschien von ihm bereits der Titel „In Auschwitz wurde niemand vergast. 60 rechtsradikale Lügen und wie man sie widerlegt."

Bildung und Erziehung

1 »Unser Kind darf keinerlei Geschenke annehmen!«

Religiös-kultureller Hintergrund

Bei den Zeugen Jehovas bildet die Frömmigkeit des Wortes einen zentralen Bezugspunkt ihres Glaubens. Bräuche und Rituale, die sich nicht direkt aus der **Bibel** ableiten lassen, werden von ihnen abgelehnt. Das betrifft nicht nur traditionelle Feste der Christen wie Weihnachten, Ostern oder Pfingsten, sondern auch Feste im Lebenslauf, wie Konfirmation und Geburtstag. Mitglieder der Zeugen Jehovas gratulieren einander nicht zum Geburtstag und lehnen Feiern und Geschenke ab. Bezugspunkt ihrer Ablehnung ist die Praxis der frühen christlichen Gemeinschaften, in denen nachweislich keine Geburtstagsfeiern stattfanden. Dabei verweisen die Zeugen Jehovas u.a. auf die beiden einzigen in der Bibel erwähnten Geburtstagsfeiern (1 Mos 40:20–22; Mark 6:21,22, 24–27), die allerdings von Personen (Pharao, Herodes) begangen wurden, die Gott nicht anbeteten.

Alternative Deutungen

Es gestaltet sich sehr schwierig, aus der Perspektive der Zeugen Jehovas ein alternatives Deutungsmuster anzubieten. Tatsächlich handelt es sich bei der Geburtstagsfeier um einen ziemlich neuen Brauch. Zwar gab es bei den Römern und Griechen vor über zweitausend Jahren schon eine ähnliche Feier, aber der Sinn dahinter war ein anderer: Die Griechen und Römer haben nicht sich selbst gefeiert – also die Tatsache, dass sie leben –, sondern ihren Schutzgeistern gehuldigt. Dass in Europa (und vielen Teilen der Erde) fast alle Menschen den Tag ihrer Geburt feiern, ist eine Tradition, die sich in Europa erst vor einigen hundert Jahren (um 1500) allmählich ausbreitete.

Rechtslage

Vom Grundprinzip dürfen Eltern im Rahmen ihres Personensorgerechts nach ihrem Dafürhalten ihre Kinder erziehen, solange sie die elterliche Sorge nicht missbrauchen. „Die Personensorge umfasst insbesondere die Pflicht und das Recht, das Kind zu pflegen, zu erziehen, zu beaufsichtigen und seinen Aufenthalt zu bestimmen."[1] Ein Missbrauch der elterlichen Sorge könnte beispielsweise durch ein übermäßiges Einschränken des Selbstbestimmungsrechtes des Kindes („over-protection") vorliegen. Zum Erziehungsrecht gehört aber auch das Recht, zu bestimmen, ob bzw. von wem das Kind Geschenke annehmen darf oder nicht. Ein dahingehendes Verbot allein stellt per se keinen Verstoß gegen das Sorgerecht dar.

Wenn der Jugendliche entgegen des elterlichen Verbots Geschenke annimmt, gilt Folgendes:
Unter sieben Jahren ist jedes rechtlich relevante Verhalten von Kindern unwirksam. Kinder mit Vollendung des siebten Lebensjahrs und Jugendliche sind dagegen „beschränkt geschäftsfähig" (§ 106 BGB). Das bedeutet, dass sie Rechtsgeschäfte (Verträge) nur mit Zustimmung der Eltern (§ 107 BGB) abschließen können. Ausnahme: Käufe im Rahmen ihres Taschengeldes, § 110 BGB. Schließen sie ohne Zustimmung der Eltern einen Vertrag, so ist dieser „schwebend" unwirksam. Das bedeutet, dass die Eltern das Geschäft noch genehmigen müssen. Tun sie das nicht, so ist der Vertrag unwirksam.

Etwas anderes gilt, wenn das Kind nur einen „rechtlichen Vorteil erlangt" (§ 107 BGB), wie es bei einer Schenkung der Fall ist. Dann bedarf es nicht der Einwilligung der Eltern. Die Annahme von Geschenken durch Jugendliche ist daher rechtswirksam. Kinder ab sieben Jahren und Jugendliche können also rechtlich wirksam eine Schenkung annehmen.

In diesem Zusammenhang kann von der Schule nur schwerlich verlangt werden, ein entgegenstehendes Verbot der Eltern zu überwachen. Allerdings ist zur Vermeidung von Konflikten jedenfalls im Kontext mit religiös motivierten Geschenken eine sensible Betrachtung empfehlenswert (siehe Anmerkungen und Empfehlungen).

Anmerkungen und Empfehlungen

Insbesondere in Grundschulen, in denen kleine Geburtstagsgeschenke, Wichteln, Adventskalender und dergleichen das Schuljahr begleiten, stellt diese Anforderung aus dem Elternhaus Lehrer vor kaum zu lösende Schwierigkeiten und ist Ursache für traurige Kindheitserfahrungen.

Die Rechtslage ist eindeutig: Es gilt das Primat der elterlichen Erziehungshoheit (Art. 6 GG).
Oftmals ist es hilfreich, den Unterschied zwischen Geschenken im Kontext religiöser Feste und Geschenkanlässen aus kultureller Tradition zu unterscheiden. Beispielsweise haben die meisten muslimischen Familien gegen Weihnachtsgeschenke ebenso wenig einzuwenden wie gegen einen Tannenbaum. Entscheidend ist, dass die Geschenke nicht Teil eines sakralen Aktes oder gar Ausdruck von Missionierung sind. Viele Zeugen Jehovas allerdings lehnen zumindest personengebundene Geschenke prinzipiell ab. Neben Gesprächen, in denen die Eltern auf die Sonderrolle ihres Kindes hingewiesen werden, bleibt nur, der Isolierung des Kindes in der Klasse entgegenzutreten. Denn das Geschenkverbot führt zum Ausschluss einzelner Schüler von Klassenritualen. Klassenlehrerstunden und Stuhlkreise sind somit Orte, in denen die Klasse über die Auflagen ihrer Mitschüler informiert werden sollte.

1| § 1631 I BGB

2 »Unser Kind hat während des Ramadan das Fasten einzuhalten!«

Religiös-kultureller Hintergrund

Der neunte Monat des islamischen Jahres ist der Fastenmonat **Ramadan**. Der Monat Ramadan ist der einzige Monat, der im **Koran** namentlich erwähnt wird. Es ist der Monat, in dem die Offenbarung des Korans begann (vgl. Sure 2:185). Muslime bezeichnen den Monat Ramadan als den „gesegneten Monat".

Muslime dürfen im Ramadan von Sonnenaufgang bis Sonnenuntergang weder essen noch trinken. Für Muslimen ist es eine Zeit der Freude, die weder als Last noch als Entbehrung empfunden wird. Vielmehr ist es eine Zeit der Besinnung, des Betens und das Nachdenkens über das eigene Verhalten und Leben.
Die Fastenzeit sollen Muslime nutzen, um ihren Geist und Körper von schlechten Angewohnheiten zu reinigen. Der Gesandte Gottes hat diesen Aspekt des Fastens wie folgt ausgedrückt: „Für Gott hat es keine Bedeutung, dass jemand, der das Lügen und den Betrug nicht unterlässt, sich des Essens und des Trinkens

enthält."[2] Hinzu kommt die besondere Bedeutung des Ramadans für die Gemeinschaft der Muslime. Sich für Freunde, Bekannte und Familie Zeit nehmen, um gemeinsam das Fastenbrechen nach Sonnenuntergang zu zelebrieren, soll das Gemeinschaftsgefühl stärken. Das Fasten ist neben dem täglichen Gebet das deutlichste Zeichen der Zugehörigkeit zum Islam.

Das Fasten zählt zu den **Fünf Säulen** des Islam. Jeder Muslim, der bereits in die Pubertät eingetreten ist und in der geistigen und körperlichen Verfassung dazu ist, ist zum Fasten verpflichtet (vgl. Sure 2:286). Ausgenommen von der Fastenpflicht sind somit Kinder, Kranke, Schwangere, Stillende, Frauen in der Menstruationsphase sowie Menschen, die schwerer körperlicher Arbeit nachgehen oder sich auf Reisen befinden. Das Nachholen oder ein Ausgleich für die Nichterfüllung der Fastenpflicht ist vom islamischen Recht geregelt.

Die islamische Tradition sieht die muslimischen Eltern in der Pflicht, ihre Kinder behutsam zum religiösen Leben hinzuführen. Kinder und Jugendliche sollen möglichst früh zum Fasten im Monat Ramadan herangeführt werden, ohne dabei überfordert zu werden.

Alternative Deutungen

Das Fasten im Islam ist ein Gottesdienst und somit eine Angelegenheit zwischen dem Individuum und Gott. Da Muslime von der Fastenpflicht befreit sind, wenn sie sich auf Reisen befinden, können muslimische Schüler in Analogie hierzu vom Fasten auf Klassenfahrten oder Wandertagen befreit werden. Mündige Schüler, denen es auf Grund von schulischen Anforderungen oder körperlichen Befinden nicht möglich ist, das Fasten einzuhalten, haben die Möglichkeit, versäumte Fastentage nachzuholen oder entsprechend der islamischen Rechtsauffassung zu entgelten.[3]

Rechtslage

Das Fasten im Ramadan in der Schulzeit unterliegt dem grundrechtlich geschützten Recht auf Religionsfreiheit (vgl. Info zu Art. 4 GG).

Kinder und Jugendliche sind nach islamischer Auffassung vor Erreichen der Pubertät nicht verpflichtet, im Ramadan zu fasten. Dennoch kann ein Schüler nicht nur aus Glaubensgründen selbstverständlich auf die Nahrungsaufnahme verzichten. Dies unterliegt seiner Selbstbestimmung. Bei Kindern und Jugendlichen besteht das Selbstbestimmungsrecht unabhängig von den Eltern je nach Entwicklungsstand und Kontext.

Die Schule hat das Fasten im Ramadan im Rahmen der Religionsfreiheit zu akzeptieren.
Mit der so genannten Religionsmündigkeit (ab 14 Jahre, vgl. Info zu Art. 4 GG) kann der Schüler auch gegen den Willen der Eltern selbst entscheiden, welchem Glauben er nachgehen und ob er fasten will oder nicht.

Die Auferlegung einer Pflicht zum Fasten durch Druck der Erziehungsberechtigten ist allerdings ohnehin (auch vor der Religionsmündigkeit) unzulässig.
Die Eltern haben das gesundheitliche und seelische Wohlbefinden ihres Kindes zu berücksichtigen (§ 1631 BGB).
Das Fasten kann zu erheblichen Beeinträchtigungen der Leistungs- und Konzentrationsfähigkeit führen. Eine (Aufsichts-) Pflicht zum Einschreiten seitens der Schule besteht dann, wenn tatsächlich ernsthafte gesundheitliche Probleme bei dem betroffenen Schüler auftreten oder zu befürchten sind.

Anmerkungen und Empfehlungen

Erneut ist zu betonen, dass Nahrungsgewohnheiten in den Bereich der individuellen Selbstbestimmung und der Erziehungshoheit fallen. Konkret bedeutet dies, dass die Schule die Gebote der Eltern bzw. die Entscheidungen religionsmündiger Schüler, während des Ramadan das Fasten einzuhalten, akzeptieren muss.

Wenn mündige muslimische Schüler also für sich entscheiden, dass sie beispielsweise trotz anstehender wichtiger Prüfungen fasten wollen, dann ist dies ihre individuelle Entscheidung. Zwang von Seiten der Religionsgemeinschaft, der Eltern oder der Schule ist rechtlich wie religiös ausgeschlossen.
Gleichzeitig ist es nicht Aufgabe der Schule, die Gebote oder Verbote des Elternhauses zu kontrollieren oder gar durchzusetzen. In der pädagogischen und sozialpädagogischen Arbeit steht dieses Prinzip nur dann zur Disposition, wenn die Persönlichkeitsrechte missachtet werden oder Gefahr für Leib und Leben bzw. für das Kindeswohl besteht. Ein Beispiel wäre Diabetes. Selbstverständlich gebietet die Fürsorgepflicht, dass auch Lehrer dazu beitragen, betroffene Schüler

von gefährlichen Lebensmitteln fernzuhalten. Ein Gebot, das – gegebenenfalls auch gegen den Willen der Eltern – zu befolgen ist. Bei Fastenauflagen verhält es sich ähnlich. Nur dann, wenn die Persönlichkeitsrechte oder die Gesundheit von Schülern bedroht sind, besteht Anlass zur Intervention. Gemäßigtes Fasten ist unter gesundheitlichen Aspekten bei vielen Kindern und Jugendlichen durchaus zu begrüßen. Allerdings gilt insbesondere die abrupte Veränderung der Nahrungsaufnahme medizinisch als problematisch und hat bei Kindern nicht selten intellektuelle oder soziale Auffälligkeiten zur Folge. Insbesondere dann, wenn das Fastengebot auch die Aufnahme von Flüssigkeit mit einschließt, kann es zum Konflikt zwischen Erziehungshoheit des Elternhauses und der Fürsorge für das Kindeswohl kommen.

Die christliche Fastenzeit kennt in der Regel kein Verbot von Wasser und anderen neutralen Flüssigkeiten. Zudem fällt diese Zeit nicht in die Sommermonate. Während des Ramadan enthalten sich allerdings viele Muslime auch der Flüssigkeitsaufnahme. Hinzu kommt, dass der Ramadan nach dem Mondkalender bestimmt wird. Er „wandert" daher und kann somit durchaus in die heißesten Monate des Jahres rutschen. In diesem Fall haben Schule und andere soziale Einrichtungen auf die Flüssigkeitsaufnahme zu bestehen. Die Aufnahme fester Nahrung während des Tages kann bei Wandertagen, Klassenreisen oder anderen, körperlich anstrengenden Aktivitäten als notwendig angesehen werden. Sportunterricht ist hier ein besonderes Problem. Einerseits ist Sport ein Pflichtfach, auf der anderen Seite gebietet die Fürsorgepflicht, „geschwächte" Schüler nicht zu überfordern. Das Schulrecht sieht nur vor, dass die Schule auf eine ärztlich attestierte Unbedenklichkeitserklärung für die Teilnahme und auf eine Krankschreibung für die Nicht-Teilnahme am Sportunterricht bestehen kann. Das Problem ist dadurch aber noch nicht gelöst. Immerhin kann die Attestpflicht dazu genutzt werden, angebliche Selbstverständlichkeiten zu relativieren und den Rechtfertigungsdruck zu erhöhen.

2| Zitiert nach der Übersetzung des Islamrates für die Bundesrepublik Deutschland
Einzusehen unter: http://islamrat.de/files/Islamrat-Stellungnahme%20zum%20Fasten%20in%20der%20Schule.pdf

3| Vgl. hierzu die Stellungnahme des Islamrates:
http://islamrat.de/files/Islamrat-Stellungnahme%20zum%20Fasten%20in%20der%20Schule.pdf

3 »Unser Kind wird am Montag nach seiner Konfirmation der Schule fernbleiben, um sich (seinen Rausch) auszuschlafen!«

Religiös-kultureller Hintergrund

Eine entsprechende Tradition hat sich in vielen Orten Deutschlands derart verfestigt, dass Eltern nicht davor zurückschrecken, diese Grundeinstellung ganz selbstverständlich gegenüber Klassenlehrerinnen, Klassenlehrern und sogar Schulleitungen zu vertreten. In den Vier- und Marschlanden, einem der großen landwirtschaftlichen Gebiete der Hansestadt Hamburg, zogen vor allem die männlichen Konfirmanden nach dem Gottesdienst von Hof zu Hof, um sich als nun erwachsenes Mitglied der Kirchengemeinde vorzustellen. Neben kleinen Geschenken wurde dabei in der Regel ein Schnaps gereicht. Heute erhalten die Konfirmanden vor allem kleine Geldgeschenke. Der Schnapskonsum ist jedoch ebenso geblieben wie die fatale Logik, dass derjenige am meisten Geschenke bekommt, der die meisten Schnäpse konsumiert. Selbst dort, wo die Nachbarn von sich aus Geschenke vorbeibringen, wird der Anspruch auf einen ersten massiven Alkoholkonsum gerade von jungen Männern nach wie vor erhoben.

Alternative Deutungen

Alternative Deutungen anzubieten fällt schwer. Es handelt sich um einen rein kulturellen Traditionsbestand ohne Verbindung zu religiösen Überlieferungen. **Bibel** und frühes Christentum kennen weder Kommunion noch die erst nach der Reformation entstandene Konfirmation. Praktiziert wurde zunächst allein die Taufe. Nicht einmal die Personentaufe war notwendig. Mit der Taufe eines Hausherrn etwa traten automatisch alle Familienangehörigen sowie die Diener und Sklaven dem Christentum bei. Der Konsum von Wein wird an vielen Stellen der Bibel beschrieben. Sakrale Bedeutung hat er allerdings nur beim Vollzug des Abendmahls und kann auch dort durch Traubensaft ersetzt werden. Eine zielstrebige Selbstvergiftung wird indes an keiner Stelle der Bibel legitimiert.

Rechtslage

Hinsichtlich der Rechtslage sind verschiedene Aspekte zu unterscheiden: Zum einen stellt sich die Frage, ob bzw. ab wann die Abgabe von Alkohol an Jugendliche rechtlich zulässig ist. Zum anderen bedarf es der Klärung, ob eine Entschuldigung („Rausch ausschlafen") der Erziehungsberechtigten für das Fernbleiben ihres Kindes vom Unterricht greift.

Die Frage, ob und ab wann Jugendliche in der Öffentlichkeit Alkohol trinken dürfen, ist im Jugendschutzgesetz (JSchG) geregelt. Danach darf an Jugendliche unter 16 Jahren in der Öffentlichkeit kein Alkohol abgegeben, also weder verkauft noch verabreicht, werden. Diese Altersgruppe darf in der Öffentlichkeit auch keinen Alkohol konsumieren. Ab Vollendung des 14. Lebensjahres können Teenager allerdings in Gegenwart ihrer Eltern in der Öffentlichkeit Bier, Wein oder Sekt trinken, nicht aber Spirituosen. Das bedeutet, dass Eltern ihren Kindern unter 14 Jahren jeglichen Konsum von Alkohol in der Öffentlichkeit nicht erlauben dürfen. Erst recht ist die Abgabe von Alkohol an diese Altersgruppe Nachbarn, Freunden oder anderen Personen untersagt.

Die Abgabe von branntweinhaltigen Produkten (Spirituosen, branntweinhaltige Mischgetränke wie Alcopops) an Jugendliche unter 18 Jahren und die Gestattung des Verzehrs in der Öffentlichkeit ist absolut unzulässig (§ 9 Nr. 1 JSchG). Demzufolge ist die kostenlose Abgabe von hartem Alkohol wie Schnaps an die Konfirmanden nicht nur hoch gefährlich, sondern auch rechtlich verboten. Dieses Verhalten kann sogar wegen fahrlässiger Körperverletzung strafrechtlich verfolgt werden, wenn auf Grund des Alkoholmissbrauchs eine Alkoholintoxikation bei dem minderjährigen Kind eintritt.

Ein Verstoß gegen das Jugendschutzgesetz kann im Übrigen mit empfindlichen Bußgeldern geahndet werden. Sollte die Polizei Jugendliche alkoholisiert auffinden, so werden der Jugendsozialdienst und das Jugendamt informiert. Eine kostenpflichtige Verwarnung durch das Jugendamt kann für die Erziehungsberechtigten die Folge sein.

Das Jugendschutzgesetz regelt aber nur die Abgabe von Alkohol in der Öffentlichkeit. Was zu Hause hinter geschlossenen Türen passiert, kann nicht überprüft werden. Sollte aber das Jugendamt davon Kenntnis erlangen, dass Minderjährige zu Hause in erheblichem Maße Alkohol konsumieren, so kann sich das Jugendamt auch in diesen Fällen einschalten, da hier eine Gefahr für das Kindeswohl besteht. Dass Eltern ihre Kinder das Trinken von Alkohol bedingungslos erlauben und die Schüler dann noch mit einem Alkoholrausch entschuldigen, zeugt von fehlendem Verantwortungs- und Unrechtsbewusstsein.

Das Fernbleiben vom Unterricht bedarf einer rechtlich zulässigen Entschuldigung, da die minderjährigen Kinder auf Grund der Schulpflicht zur Teilnahme am Unterricht verpflichtet sind. Die Eltern sind zur Überwachung der Schulpflicht auf Grund der Schulgesetze der Länder gehalten. Kommen sie dieser Pflicht nicht nach, kann dies in Einzelfällen mit einem Bußgeld verfolgt werden.
Nur wenn ein Schüler aus zwingenden Gründen (wie Krankheit) verhindert ist, dürfen die Eltern ihr Kind unter Angabe des Grundes und der voraussichtlichen Dauer der Verhinderung vom Unterricht abmelden. Nun hat der Alkoholrausch für den betroffenen Schüler zwar Krankheitswert und wird daher eine Entschuldigung rechtfertigen. Allerdings sind die Ursachen dafür den Eltern anzulasten, die ihrem minderjährigen Kind den Konsum gefährlicher Drogen gestattet haben. Aus rechtlicher Sicht kann man die Eltern durchaus darauf aufmerksam machen, dass sie durch das unbedachte und unverantwortliche Verhalten ihr Kind bewusst den Gefahren des Alkohols und damit einer Gesundheitsgefahr ausgesetzt haben. Gleichzeitig haben sie den Verhinderungsgrund zur Teilnahme ihres Kindes am Schulunterricht billigend in Kauf genommen und damit auch gegen die Überwachung der Einhaltung des Schulbesuchs verstoßen. Sollte so ein Verhalten öfter vorkommen, kann dies ein Sorgerechtsmissbrauch darstellen, der dem Jugendamt zu melden wäre. Prävention und Aufklärung wären sicher zunächst die hilfreicheren Schritte. Dazu lässt sich die Rechtslage als Argumentation allerdings warnend heranziehen.

Anmerkungen und Empfehlungen

Neben der eindringlichen Aufklärung über die Auswirkung des Alkoholkonsums bei Heranwachsenden sollten Lehrkräfte nicht davor zurückschrecken, auf die Diskrepanz zwischen Tradition und Rechtslage zu verweisen. Konfirmanden sind in der Regel zwischen 13 und 15 Jahre alt. Das Konsumieren von Alkohol ist in diesem Alter verboten. In Gegenwart der Eltern dürfen Jugendliche ab 14 Jahre in der Öffentlichkeit Getränke mit geringerem Alkoholgehalt wie Wein oder Bier konsumieren. Ohne Aufsicht durch die Eltern dürfen Jugendliche allerdings erst ab dem

16. Lebensjahr leichten Alkohol in der Öffentlichkeit trinken. Für stark alkoholische Getränke wie Schnäpse gilt die Altersgrenze von 18 Jahren. Eine vorauseilende Befreiung vom Unterricht aus Rücksicht auf eine bevorstehende Rechtswidrigkeit ist somit weder mit dem Jugendschulgesetz noch mit dem Schulrecht vereinbar.

Mit dieser Reaktion kann dem übermäßigen Alkoholkonsum von Jugendlichen im Rahmen von Konfirmationen entgegengewirkt werden, gänzlich verhindern lässt er sich nicht. Eltern bleibt die Möglichkeit, ihr Kind am folgenden Tag als „krank" in der Schule abzumelden. Hiergegen vorzugehen übersteigt die Möglichkeiten der Schule. Gleichwohl kann diese Auflage, ebenso wie vorausgehende Gespräche auf Elternabenden, zur Sensibilisierung der Elternhäuser beitragen. Denn „krank" ist das Kind ja wirklich. Es leidet an einer (leichten) Alkoholvergiftung.

4 »Unser Kind muss zunächst im Haushalt helfen, bevor es Schularbeiten machen kann!«

Religiös-kultureller Hintergrund

Die hier geschilderte Problematik begegnet Lehrern erstaunlich häufig, ohne einem kulturellen Hintergrund eindeutig zugeordnet werden zu können. Allerdings häufen sich die Berichte in Bezug auf muslimische Mädchen. Mehrfach wird geschildert, dass junge Frauen aus muslimischen Familien neben dem Abitur noch einen Haushalt führen und kleine Geschwister betreuen. Dass vor allem Mädchen von diesen Auflagen betroffen sind, ist auf die patriarchalische Tradition des Islam zurückzuführen.

„Die Männer haben Vollmacht und Verantwortung gegenüber den Frauen, weil Gott die einen vor den anderen bevorzugt hat und weil sie von ihrem Vermögen (für die Frauen) ausgeben. Die rechtschaffenen (Frauen) sind demütig ergeben und bewahren das, was geheim gehalten werden soll, da Gott (es) bewahrt. [...]." (Sure 4:34)

Auch in einigen christlichen Kirchen wird ein ähnliches Rollenverständnis vertreten. (Vgl.: „Frauen haben sich dem Mann unterzuordnen!")

Alternative Deutungen

Es fällt schwer, derart einseitigen Traditionslinien entgegenzutreten. Immerhin kann auf den hohen Stellenwert verwiesen werden, die der Bildung vor allem im Islam zugewiesen wird. (Vgl.: „Ob meine Frau weiter zur Schule geht, bestimme ich!")

Rechtslage

Nach § 1619 BGB haben die Eltern das Recht, von ihrem Kind Hausarbeiten zu verlangen, die „in seinen Kräften und seiner Lebensstellung entsprechen". Allerdings verpflichtet die Rechtslage alle Erziehungsberechtigten auch dazu, „auf Eignung und Neigung des Kindes Rücksicht" zu nehmen (§ 1631a BGB). Gleichfalls müssen auch die Bildungsziele des Kindes von den Eltern berücksichtigt werden. § 1631 Abs. 2 schreibt vor: „Nehmen Eltern offensichtlich keine Rücksicht auf die Eignung und Neigung des Kindes und wird die Besorgnis begründet, dass die Entwicklung des Kindes nachhaltig und schwer beeinträchtigt wird, so entscheidet das Vormundschaftsgericht." Auch Schulen haben das Recht, diese Gefährdung des Kindeswohls zu formulieren und das Familiengericht einzuschalten (§ 1666 BGB).

Anmerkungen und Empfehlungen

In dieser Frage kann keine eindeutige Empfehlung ausgesprochen werden. Hier gilt es, im Sinne des Kindeswohls zwischen den Bildungschancen und der emotionalen Beziehung zu den Eltern abzuwägen. In jedem Fall aber sollten alle Möglichkeiten ausgeschöpft werden, mit den Eltern in direkten Kontakt zu treten.

5 »Unser Kind besucht während der Festtage nicht die Schule!«

Religiös-kultureller Hintergrund

Islamische Feiertage sind in der Regel bewegliche Feiertage, da sie sich nach dem islamischen Mondkalender richten.
Im Islam gibt es zwei kanonische Feiertage: das Opferfest ('Id al-Adha) im Anschluss an die Pilgerfahrt nach **Mekka** und die Feierlichkeiten zum Fastenbrechen ('Id al-Fitr) am Ende des Fastenmonats **Ramadan**.

Das Opferfest gedenkt an die Bereitschaft Abrahams, seinen Sohn Ismail Gott zu opfern.[4] Die göttliche Prüfung endete, als Gott Abraham anstelle des Sohnes einen Widder als Opfergabe gewiesen hat. Abraham ist nach islamischer Tradition der Stammvater der Muslime und der Erbauer des Heiligtums der **Kaaba** in Mekka.

'Id al-Fitr wird in den ersten drei Tagen des Monats **Schawwal** gefeiert. In diesen Tagen wird nach bestimmtem Ritus gebetet, den Toten gedacht und gemeinsam gespeist. Ursprünglich wird das Fest des Fastenbrechens nur am ersten Tag nach Neumond des Monats Schawwal gefeiert. Einige Rechtsgelehrte vertreten die Auffassung, dass das Fasten an diesem Tag verboten sei.

Weitere wichtige Tage im islamischen Kalender:
- Ramadan: Anfang des Fastenmonats
- Maulid: Geburtstag des Propheten Muhammad
- Das islamische Neujahr
- **Aschura-Fest**: Fasten- und Rettungstag des Propheten Moses (**Sunniten**); Martyrium und Todestag des **Imam Husain** (**Schiiten**)

Neben den allgemein bekannten christlichen Feiertagen der evangelischen und katholischen Kirche werden an dieser Stelle einige Feiertage der östlich-orthodoxen Kirchen aufgeführt. Dazu gehören die vier altkirchlichen Patriarchate Konstantinopel, Alexandria, Antiochia und Jerusalem, die vier Patriarchate jüngeren Ursprungs Russland, Serbien, Rumänien und Bulgarien, das Katholikat Georgien und die Kirchen von Zypern, Griechenland, Polen, Albanien, Tschechien und der Slowakei.

Die meisten Feiertage der orthodoxen Kirchen ergeben sich – wie wir das aus dem katholischen Kirchenjahr kennen – auf der Grundlage des gregorianischen Kalenders. Da sich jedoch manche orthodoxe Kirchen nach dem julianischen Kalender richten (wie z.B. die russisch-orthodoxe und die serbisch-orthodoxe Kirche), feiern sie z.B. Weihnachten um 13 Tage verschoben (d.h. der 25. Dezember im julianischen Kalender entspricht unserem 7. Januar im gregorianischen Kalender).

Wichtige orthodoxe Feiertage:

- Entschlafung der Gottesmutter
- Weihnachten
- Theophanie (Große Wasserweihe): Gedenken an die Geburt Jesu
- Hl. Sava (serbisch)
- Fest der Heiligen Drei Hierarchen (griechisch): Die drei Heiligen Basilius der Große, Gregor von Nazianz und Johannes Chrysostomus gelten in der griechisch-orthodoxen Glaubensgemeinschaft als Schutzpatrone der Bildung. In Griechenland ist das Fest der Heiligen Drei Hierarchen deshalb ein Schul- und Universitätsfeiertag.
- Mariae Verkündigung
- Karfreitag
- Ostersonntag
- Ostermontag
- Christi Himmelfahrt
- Pfingstmontag – Hl. Geist

Jüdische Feiertage richten sich nach dem jüdischen Kalender, einem Mondkalender mit zwölf Monaten, der sich nach den Mondphasen richtet. Etwa alle drei Jahre wird ein Schaltmonat hinzugefügt zur Angleichung an das Sonnenjahr.[5]

Wichtige jüdische Feiertage:

- Rosch ha-Schana (2-tägiges Neujahrsfest)
- Jom Kippur (Versöhnungsfest): Zehn Tage nach dem Neujahrsfest
- Sukkot (Laubhüttenfest): Gedenken an die Wanderung der Israeliten durch die Wüste
- Schemini Azeret (Schlussfest Sukkot)
- Simchat Thora (Thora Freudenfest)
- Chanukka (Lichterfest): Gedenken an die Wiedereinweihung des zweiten Tempels 164 v. Chr.

- Purim: Gedenken an die Errettung der jüdischen Gemeinde in der persischen Diaspora, die im Buch Ester (Altes Testament) geschildert wird[6]
- Pessach (1. u. 2. Tag): Pessachfest; Gedenken an den Exodus der Israeliten aus der ägyptischen Sklaverei
- Pessach (7. u. 8. Tag)
- Schawuot (Wochenfest): Ursprünglich war Schawuot ein Erntefest, an dem man die Weizenernte feierte. Heute feiert man den Moment, als Israel am Berg Sinai die **Thora** empfing und das jüdische Volk Gott seine Treue versprach.

Alternative Deutungen

Eine alternative religiös-kulturelle Deutung ist in diesem Fall nicht möglich.

Rechtslage

Festtage anderer Kulturen sind, anders als viele christliche Festtage, keine gesetzlichen Feiertage. An diesen Festtagen besteht – egal ob islamisch, jüdisch oder orthodox – vom Grundprinzip eine Schulpflicht. Allerdings unterliegen gerade solche religiösen Festtage aller Kulturen der Religionsfreiheit des Art. 4 GG (vgl. Info zu Art. 4 GG), die insbesondere die Religionsausübung schützt. Dazu gehören zu begehende Festtage.

In einigen Schulgesetzen der Länder ist eine Unterrichtsbefreiung wegen kirchlicher Feiertage und auch der Festtage anderer Religionsgemeinschaften explizit geregelt.[7] Nicht in allen Bundesländern gelten dieselben christlichen Feiertage. Daher kann auch in einem Bundesland, in dem kein gesetzlicher Feiertag angeordnet ist, ein Schüler für den kirchlichen Feiertag von der Schulpflicht befreit werden.

Nichts anderes gilt für Festtage anderer Religionen. Eine Unterrichtsbefreiung wegen der Teilnahme an religiösen Festtagen (zur Ausübung der grundrechtlich geschützten Religionsfreiheit) ist daher geboten. In einigen Bundesländern, wie z.B. Baden-Württemberg, ist dies ausdrücklich auch für muslimische, jüdische und orthodoxe Feiertage geregelt:

Für muslimische Feiertage gilt das Recht auf Unterrichtsbefreiung insbesondere für

- das Fest des Fastenbrechens ('Id al-Fitr)
- das Opferfest ('Id al-Adha)

Für jüdische Feiertage:

- Rosch ha-Schana (Neujahrsfest)
- Jom Kippur (Versöhnungsfest)
- Sukkot (Laubhüttenfest)
- Schemini Azeret (Schlussfest Sukkot)
- Pessachfest
- Schawuot (jüdisches Pfingstfest)

Schüler, die der griechisch-orthodoxen Religionsgemeinschaft angehören, werden am Karfreitag und Ostermontag des griechisch-orthodoxen Osterfestes beurlaubt.[8]

Erforderlich ist allerdings, dass die Eltern die Schule über die Unterrichtsbefreiung rechtzeitig informieren. Selbstverständlich gilt das Recht auf Unterrichtsbefreiung an wichtigen Festtagen auch für alle anderen Religionen.
Die Schule ist auch gehalten (unter Berücksichtigung der Religionsfreiheit ihrer Schüler), die Festtage bei der Unterrichtsplanung (insbesondere bei Klassenarbeiten oder anderen Prüfungen) zu berücksichtigen.

Anmerkungen und Empfehlungen

Die Rechtslage in diesem Fall ist eindeutig. Es besteht allgemeine Schulpflicht. Ausgenommen sind allein die Schulferien und die gesetzlich festgeschriebenen Feiertage. Da die gesetzlich anerkannten Feiertage mehrheitlich christlichen Ursprungs sind, kann hierin eine Benachteiligung anderer Kulturen gesehen werden. Eine Änderung der Situation, etwa durch eine Klage auf Gleichbehandlung, hätte wenig Aussicht auf Erfolg, da auch viele christliche Feiertage nicht in allen Bundesländern gelten. Die Feiertage aller Religionsgemeinschaften anzuerkennen würde bedeuten, eine gemeinsame Beschulung abzuschaffen. Gleichberechtigung ist daher nur in entgegengesetzter Richtung möglich: die Abschaffung aller religiösen Feiertage. Gleichwohl besteht die Möglichkeit, einzelne Schüler im Ausnahmefall von der Schulpflicht zu befreien. Diese Regelung wird nicht selten für die Anreise zu großen Familienfeierlichkeiten genutzt und kann selbstverständlich auch Kindern aus anderen Kulturkreisen zu Gute kommen. Zentraler Bezugspunkt der Entscheidung ist das Kindeswohl, dessen Sicherung ganz wesentlich an schulische Bildung geknüpft ist. Weiterhin maßgeblich ist die Religionsfreiheit: Je bedeutender der Feiertag für die jeweilige Religion ist, desto eher ist dem Anliegen für die Unterrichtsbefreiung nachzugehen. Orientierungshilfe für die Entscheidung bieten die Informationen der Kultusministerien, die in der Regel jährlich eine Liste der besonders bedeutsamen religiösen Feiertage veröffentlichen.

Für die Schule ist es ratsam, bei der mühevollen Praxis der Einzelfallentscheidung zu bleiben. Jede Pauschalisierung schafft dauerhafte Ansprüche. Zudem ist zu betonen, dass die Befreiungen vom Unterricht eines schriftlichen Antrages der Erziehungsberechtigten bedürfen. Auf dieses Verfahren sollte aus zwei Gründen nicht verzichtet werden. Erstens entspricht dieses Vorgehen den Auflagen des Schulgesetzes. Zweitens schafft dieses Verfahren eine gewisse Verbindlichkeit und trägt dazu bei, leichtfertige Begehrlichkeiten zu reduzieren.

4| Im Unterschied zur Überlieferung im Alten Testament sollte nach islamischer Tradition nicht Isaak, sondern der erstgeborene Sohn Abrahams (Ismail) geopfert werden.
5| Ausführlich nachzulesen bei: Barnavi, Eli (Hrsg.): Universalgeschichte der Juden. Von den Ursprüngen bis zur Gegenwart, Wien 1993, S. 72
6| Ausführlich nachzulesen bei Galley, Susanne: Das jüdische Jahr: Feste, Gedenk- und Feiertage, München 2003
7| Vgl. z.B. Niedersächsisches Schulgesetz mit Verweis auf „Niedersächsisches Gesetz über die Feiertage" i.d.F. vom 7.3.1995
8| Vgl. Verordnung des Kultusministeriums Baden-Württembergs über die Pflicht zur Teilnahme am Unterricht und an den sonstigen Schulveranstaltungen (Schulbesuchsverordnung) vom 21.3.1982

6 »Unser Kind soll keine religiöse Unterweisung in anderen Religionen erhalten!«

Religiös-kultureller Hintergrund

Es ist das Wesen der monotheistischen Religionen, keinen Dualismus zu dulden. Im Judentum, Christentum und Islam sind alternative Glaubensvorstellungen oder religiöse Praktiken strengstens untersagt. Dieser Monopolanspruch findet sich bei allen der drei großen Weltreligionen.

In den Zehn Geboten der Christenheit heißt es:
„Ich bin der Herr, dein Gott, der ich dich aus Ägyptenland, aus dem Diensthause, geführt habe. Du sollst keine anderen Götter neben mir haben." (2 Mos 20:2–3)

Das islamische Glaubensbekenntnis (Schahada) lautet:
„Ich bezeuge, dass es keinen Gott außer Gott gibt und dass **Muhammad** der Gesandte Gottes ist."

Das Sch'ma Israel, das zentrale Gebet im Judentum, beginnt mit folgenden Worten:
„Höre Israel, der Ewige, unser Gott, der Ewige ist einzig!"

Alternative Deutungen

Die Religionsphilosophie und die Religionskritik bezweifeln im Allgemeinen, dass sich in den Offenbarungsschriften Anknüpfungspunkte finden, die für Toleranz gegenüber anderen Weltanschauungen oder Religionen ausgelegt werden können. Ungeachtet dessen gibt es Vertreter der monotheistischen Religionen, die in ihren heiligen Schriften gerade solche Hinweise zu Tage fördern. Im Zentrum einer solchen Argumentation steht häufig das Motiv einer „erkenntnistheoretischen Demut", also die Einsicht in die Beschränktheit der eigenen Wahrheitserkenntnis, zu der die Gläubigen in **Thora**, **Bibel** und **Koran** aufgefordert werden. Alle drei monotheistischen Religionen haben als Glaubensgrundsatz, dass es nur ein Wesen geben kann, das allmächtig und allwissend ist, und dies ist Gott. Muslime sagen wie selbstverständlich nach jedem Versuch, den Koran oder den Islam zu deuten: „Aber Gott weiß es am besten." Auch keinem gläubigen Menschen ist es möglich, den letzten Zweifel zu beseitigen, dass der anderen Religion oder einer anderen Auslegung des eigenen Glaubens doch Wahrheiten innewohnen, die man auf Grund seiner eigenen beschränkten Erkenntnisfähigkeit nicht zu erkennen in der Lage ist. Dies ließe sich aus Vers 48 aus Sure 5 herauslesen: „[...] Für jeden von euch haben Wir eine Richtung und einen Weg festgelegt. Und wenn Gott gewollt hätte, hätte Er euch zu einer einzigen Gemeinschaft gemacht. Doch Er will Euch prüfen in dem, was Er euch hat zukommen lassen. So eilt zu den guten Dingen um die Wette. Zu Gott werdet ihr allesamt zurückkehren, dann wird Er euch kundtun, worüber ihr uneins waret." Sure 3:64 fordert explizit zum Dialog zwischen den monotheistischen Religionen auf: „Sprich: O ihr Leute des Buches, kommt her zu einem zwischen uns und euch gleich angenommenen Wort: dass wir Gott allein dienen und Ihn nichts beigestellen, und dass wir nicht einander zu Herren nehmen neben Gott."[9]

Rechtslage

Art. 7 I GG regelt den staatlichen Bildungs- und Erziehungsauftrag, der gleichberechtigt[10] neben dem elterlichen Erziehungsrecht aus Art. 6 II GG steht (vgl. Info zu Art. 6 und zu Art. 7 GG). Staatlicher Erziehungsauftrag und Elternrecht verlangen ein sinnvolles Zusammenwirken der Erziehungsträger bei dem Ziel, das Kind auszubilden.[11]

Zum staatlichen Auftrag gehört nicht nur die Wissensvermittlung, sondern auch die Ausbildung des Kindes (gemeinsam mit den Eltern) zu einem selbstverantwortlichen Mitglied der Gesellschaft. Die Schule ist bei der Umsetzung dieses Auftrags allerdings zur weltanschaulichen und religiösen Neutralität verpflichtet, was ein Verbot der Indoktrinierung mit sich bringt. Sie ist darüber hinaus zur Zurückhaltung, Offenheit und Toleranz gehalten.[12]

Hinsichtlich der Religion zieht das Grundgesetz das Erziehungsrecht der Eltern vor, sodass in Art. 7 II GG das Bestimmungsrecht zur Teilnahme am Religionsunterricht explizit den Erziehungsberechtigten zugesprochen wird. Wenn das Kind religionsmündig ist (vgl. Info zu Art. 4 GG), kann es über die Teilnahme am Religionsunterricht selbst bestimmen.

Die Unterrichtsbefreiung gilt aber nicht für bekenntnisfreie Fächer wie Ethik, Philosophie, Geschichte usw. (siehe auch Abschnitt „Anmerkungen und Empfehlungen").

Anmerkungen und Empfehlungen

Niemand darf und sollte gegen seinen Willen oder den Willen der Erziehungsberechtigten zu religiösen Unterweisungen genötigt werden. Dies gilt jedoch nicht für bekenntnisfreie Bildungsinhalte. Oftmals kommt es hier schon aus sprachlichen Gründen zu einem Missverständnis. Viele Vorbehalte lassen sich aus der Welt schaffen, wenn die Differenz zwischen religiöser Schulung und Religionskunde durch Informationsschreiben oder Elternabende kommuniziert wird. Während der Religionsunterricht religionsspezifische Erziehung, religiöse Praxis bis hin zur Bekehrung verfolgt, ist Religionskunde bekenntnisneutral. Ziel der Religionskunde ist es, Kenntnisse über möglichst viele Religionen zu vermitteln. In zahlreichen Bundesländern hat sich selbst im Religionsunterricht ein Primat der Religionskunde durchgesetzt. In der Freien und Hansestadt Hamburg etwa spricht man vom „Religionsunterricht für alle". Gleichwohl ist dieses Konzept nur bedingt glaubwürdig, da alle Religionslehrpläne via Staatsvertrag in Kooperation mit den jeweiligen Landeskirchen erarbeitet werden. Aus diesem Grund hat jeder Schüler das Recht, dem Religionsunterricht fernzubleiben. Eindeutig bekenntnisneutral sind hingegen die so genannten Alternativfächer wie Ethik, LER (Lebenskunde, Ethik, Religion), Praktische Philosophie und Philosophie, die alle religionskundliche Anteile enthalten. In den meisten Bundesländern herrscht eine Wahlpflichtalternative. Schüler sind somit verpflichtet, entweder Religion oder das Alternativfach zu belegen. Eine Abmeldung vom Religionsunterricht entspricht automatisch einer Anmeldung für das Alternativfach. In Berlin, das durch die Bremer Klausel nicht an Art. 7 III GG gebunden ist, wurde Ethik als Pflichtfach eingeführt. Religion ist in Berlin Wahlfach. Alle Berliner Schüler haben also den Ethikunterricht zu besuchen. Religionsunterricht kann als zusätzliches Angebot belegt werden.

Neben der Verdeutlichung der Rechtslage sollten Eltern über die Inhalte der Alternativfächer informiert werden. Die Fächergruppe Ethik und Philosophie setzt zahlreiche moraltheoretische, anthropologische, politische und soziale Schwerpunkte. Religionskunde macht nur einen kleinen Teilbereich des Unterrichtes aus. In den entsprechenden Elterngesprächen sollte der Gewinn des Unterrichts für die Schüler betont werden. Der vielleicht wichtigste Aspekt besteht darin, dass junge Menschen gemeinsam und unabhängig von kulturellen Prägungen über moralische Fragen diskutieren. Dort wo Religionskunde betrieben wird, wird weltanschauliche Neutralität gewahrt. Wichtig ist es auch, den Gewinn für die Schüler zu betonen. Der Erwerb von Kenntnissen über andere Religionen stellt weder das eigene Bekenntnis in Frage, noch wird diese Bildung von einer der großen Weltreligionen untersagt. Zudem sollte betont werden, dass zahlreiche Schüler auch bezüglich der eigenen Religion nur sehr rudimentäre Kenntnisse besitzen und somit auch in diesem Bereich von schulischer Religionskunde nachhaltig profitieren.

9| Aus christlicher Perspektive kann dieser Vers naturgemäß auch sehr negativ aufgefasst werden. Hier schwingt auch der Vorwurf mit, dass die Gottessohnschaft Jesus dem Monotheismus widerspricht. Zu den Potenzialen der Religionen zur Toleranz, siehe: Schwöbel, Christoph/von Tippelskirch, Dorothee (Hrsg.): Die religiösen Wurzeln der Toleranz, Freiburg im Breisgau 2002

10| Vgl. BVerfGE 41, 29

11| Vgl. BVerfGE 34, 165

12| Vgl. BVerfGE 93, 17

7 »Unsere Tochter nimmt nicht am Schwimmunterricht teil!«

Religiös-kultureller Hintergrund

Der **Koran** legt Wert auf Schamhaftigkeit:
„Und sprich zu den gläubigen Frauen, sie sollen ihre Blicke senken und ihre Scham bewahren. [...] Sie sollen ihre Schleier auf den Kleiderausschnitt schlagen und ihren Schmuck nicht offen zeigen, es sei denn ihren Ehegatten, ihren Vätern, den Vätern ihrer Ehegatten, ihren Söhnen, den Söhnen ihrer Ehegatten, ihren Brüdern, den Söhnen ihrer Brüder und den Söhnen ihrer Schwestern, [...], den männlichen Gefolgsleuten, die keinen Trieb mehr haben, den Kindern, die die Blöße der Frau nicht beachten. [...]" (Sure 24:31)

Dieser Vers regelt sehr detailliert, welche Personen eine Frau unverhüllt sehen dürfen. Eine spezifische Kleidervorschrift geht daraus nicht hervor.
In der islamischen Welt und muslimischen Gemeinschaften wird darüber debattiert, was der Schambereich einer Frau ist. Die Meinungen gehen dabei sehr auseinander. Viele Islamgelehrte definieren den ganzen Körper der Frau, bis auf Gesicht, Hände und Füße, als Schambereich. Der Schambereich von Männern wird in der Regel von den Knien aufwärts bis zum Bauchnabel definiert.

Konservative Interpretationen verbieten zum Teil auch die Blöße der unmittelbaren Geschlechtsteile sowohl unter Frauen als auch unter Männern.

Alternative Deutungen

Dass die Blöße unter Frauen und Männer verboten sein soll, lässt weder der Koran noch die Tradition des Propheten erkennen. Hierbei handelt es sich um sehr körperfeindliche Auslegungen konservativer Kreise, die auch mit der islamischen Tradition und dem kulturellen Leben im Islam nicht vereinbar sind. Die hierfür angeführten Prophetenaussprüche, die die Blöße unter Frauen untersagen, zählen nicht zu den allgemein anerkannten **Ahadith**. Allgemein spricht aus islamischer Perspektive nichts gegen einen gleichgeschlechtlichen Schwimmunterricht und gleichgeschlechtliches Duschen. Jedoch haben viele islamisch sozialisierte Menschen ein ausgeprägtes Schamgefühl, das sich nicht ohne Weiteres ablegen lässt.

Rechtslage

Die Frage der Teilnahme am Schwimmunterricht für muslimische Schüler steht im Spannungsverhältnis zwischen staatlichem Bildungs- und Erziehungsauftrag (Art. 7 I GG) und dem (religiösen) Erziehungsrecht der Eltern (Art. 6 II GG). Nur für den Religionsunterricht regelt das Grundgesetz explizit das Bestimmungsrecht der Eltern bzw. ab Religionsmündigkeit das des Schülers. Hier darf sich die Schule nicht einmischen. Ansonsten gilt die Schulpflicht. Eine Befreiung vom Unterricht ist nur in eng gesetzten Grenzen möglich.

Die Teilnahme am Schwimmunterricht berührt dennoch zweifellos kulturelle und religiöse Werte der betroffenen Eltern und Schüler, da beim Schwimmunterricht keine ausreichende Bedeckung des Körpers gegeben ist, wie sie aber im Islam sowohl für Männer und insbesondere auch für Frauen in der Öffentlichkeit gefordert wird.
Eine erste Grundsatzentscheidung hinsichtlich der Teilnahme am Sportunterricht, die auch für den Schwimmunterricht maßgebend ist, fiel im Jahr 1993 vom Bundesverwaltungsgericht: „Führt ein vom Staat auf Grund seines Bildungs- und Erziehungsauftrags aus Art. 7 II GG im Rahmen der allgemeinen Schulpflicht angebotener koedukativ erteilter Sportunterricht für eine 12-jährige Schülerin islamischen Glaubens im Hinblick auf die Bekleidungsvorschriften des Korans, die sie als für sie verbindlich ansieht, zu einem Gewissenskonflikt, so folgt für sie aus Art. 4 I und 2 GG ein Anspruch auf Befreiung vom Sportunterricht, solange dieser nicht nach Geschlechtern getrennt angeboten wird.“[13] Die Schule muss also zunächst versuchen, alle Möglichkeiten auszuschöpfen, um einen getrennten Sport- und Schwimmunterricht anzubieten.

Die Zeiten ändern sich. Selbst in islamischen Ländern ist der so genannte **Burkini** – eine den gesamten Körper bedeckende Badebekleidung – auf dem Vormarsch. Es gibt folgerichtig neuere Entscheidungen, die zu Gunsten der Unterrichtspflicht ausfielen. Das Verwaltungsgericht Aachen[14] beispielsweise entschied im Januar 2011 gegen die Befreiung vom Schwimmunterricht, auch wenn der Unterricht zeitgleich mit anderen Schwimmkursen in gemischten Klassen stattfinden sollte. Die betroffene Schülerin habe die Möglichkeit, sich durch Tragen eines Burkinis zu schützen. Selbst wenn das aber nicht möglich sein sollte, kommt eine Befreiung vom Schwimmunterricht nur in Betracht, wenn die Schülerin glaubhaft darlegen kann, dass eine zwingende Glaubensvorschrift ihrer Religion sie daran hindert, am Sportunterricht teilzunehmen, und sie sich auch sonst an die Gebote der Religionsgemeinschaft hält.

Das Oberverwaltungsgericht Münster[15] entschied 2009, dass die Schulleitung einer weiterführenden Schule sogar die Aufnahme eines neuen Schülers von der Einverständniserklärung der Eltern abhängig machen dürfe, ob dieser auch am koedukativen Schwimmunterricht teilnimmt.

Anmerkungen und Empfehlungen

Der Schwimmunterricht ist ein besonders sensibles Feld, da hier nicht nur religiöse und persönliche Empfindungen, sondern auch die Fürsorgepflicht der Schule in besonderem Maße betroffen sind. 2008 meldete die DLRG, dass die Anzahl der Nichtschwimmer in Deutschland dramatisch steige. Bis zu 40 Prozent aller 8-Klässler seien Nichtschwimmer. Die Ursachen hierfür sind laut DLRG vielseitig: der Umbau von Schwimmbädern zu Spaßbädern, die Schließung von Schwimmhallen, der rückläufige Schwimmunterricht an Schulen, aber auch die Abmeldezahlen. Während die Anzahl tödlicher Unfälle in nahezu allen Bereichen rückläufig ist, ist die Anzahl ertrunkener Kinder in Deutschland gestiegen.[16]

Es gibt also gute Gründe, für die Teilnahme von Kindern und Jugendlichen am Schwimmunterricht zu streiten. Eine Aufteilung in geschlechterspezifische Gruppen ist in der Regel leicht zu organisieren und wird oftmals auch von nichtmuslimischen Mädchen sehr begrüßt. Eine vollständige räumliche Trennung ist hingegen nur sehr selten möglich. Die Schwimmzeiten der Schulen sind knapp bemessen, und die Organisatoren der Stundentafel sind darauf angewiesen, die Jahrgänge als „Block" einzuplanen.
An dieser Stelle sei auf die Möglichkeit verwiesen, besorgte Eltern zu Hospitationen des Schwimmunterrichts aufzufordern. In der konkreten Beobachtung lassen sich oftmals viele Befürchtungen zerstreuen.

Neben der elementaren Bedrohung von Leib und Leben hat eine mangelnde Schwimmfähigkeit auch soziale Nachteile. Beispielsweise müssen Nichtschwimmer von zahlreichen Ausflügen auf oder am Wasser ausgeschlossen werden. Beispielsweise sind Klassenreisen mit dem Kanu nur rechtlich zulässig, wenn alle Kinder mindestens ein Schwimmabzeichen in Bronze besitzen. Daher sollten Eltern, die darauf bestehen, ihre Tochter vom Schwimmunterricht abzumelden, dazu gedrängt werden, die Schwimmbefähigung im privaten Kontext zu ermöglichen. In vielen deutschen Großstädten werden bereits Schwimmkurse und Badetage für Frauen und Mädchen angeboten. Auf dem Land fehlen entsprechende Angebote jedoch meist vollständig.

13| BVerwG 25.8.1993, Az: 6 C 7/93
14| VG Aachen, Beschluss vom 12.1.2011 – 9 L 518/10
15| OVG Nordrhein-Westfalen, Beschluss vom 30.6.2009 – 19 B 801/09
16| Vgl. „Immer mehr Nichtschwimmer: Wir müssen draußen bleiben", Interview mit DLRG-Sprecherin Hilde Oberlehberg. Nachzulesen unter: www.sueddeutsche.de

8 »Unser Kind darf nicht in Darwins Evolutionstheorie unterrichtet werden!«

Religiös-kultureller Hintergrund

Es gibt Fundamentalisten und fundamentalistische Bewegungen in den drei großen monotheistischen Religionen, die eine wörtliche Interpretation des Schöpfungsberichts im **Tenach**, in der **Bibel** oder im **Koran** fordern. Anhänger einer solchen Schöpfungserklärung werden als Kreationisten bezeichnet.
Der Kreationismus steht im fundamentalen Widerspruch zur Evolutionstheorie, die besagt, dass die Entstehung und Veränderung der Arten durch Mutation oder durch Anpassung zu erklären sind.
Den Kreationismus gibt es in verschiedenen Ausprägungen. Es gibt Formen des Kreationismus, die bestimmte Erkenntnisse der Naturwissenschaften anerkennen und diese versuchen, mit dem Schöpfungsbericht in Einklang zu bringen. Radikale Formen des Kreationismus lehnen jegliche naturwissenschaftlichen Erkenntnisse und wissenschaftlichen Theorien ab.

Alternative Deutungen

Viele religiöse Menschen, die an die Schöpfung der Welt durch Gottes Wirken glauben, sehen keinen Widerspruch in der Schöpfungslehre und den naturwissenschaftlichen Erkenntnissen. Der Schöpfungsbericht in den Offenbarungsschriften

wird nicht als wortwörtliche Ereignisschilderung interpretiert, sondern als Metapher, als symbolische Beschreibung oder als Beschreibungen der Schöpfungsgeschichte in der Sprache der Menschen der Offenbarungszeit.
Die meisten Gläubigen erachten den Schöpfungsbericht nicht als empirische Tatsachenbeschreibung. Sie können der Feststellung zustimmen, dass die Wissenschaften die erfahrbare Welt erklären, erforschen und beschreiben können, ohne dass sie dafür einen Gott benötigen. Gleichzeitig gilt für alle gläubigen Menschen, dass das naturwissenschaftliche Weltbild nicht die ganze Wirklichkeit der Welt und des Menschen beschreibt. Naturwissenschaft und religiöser Glauben stehen in gewisser Weise im Widerspruch, jedoch nicht zwingend im Konflikt zueinander.

Rechtslage

Zum staatlichen Erziehungsauftrag aus Art. 7 GG zählen die Organisation, Leitung und Planung und die inhaltliche Festlegung des Unterrichts. Dabei ist die Schule nicht nur zur Wissensvermittlung verpflichtet, sondern darf und soll das Kind gemeinsam mit den Eltern zu einem selbstverantwortlichen Mitglied der Gesellschaft ausbilden. Staatlicher Erziehungsauftrag und Elternrecht verlangen ein sinnvolles Zusammenwirken der Erziehungsträger bei dem Ziel, das Kind auszubilden.[17] Die Eltern können über die gesetzlich geregelten Mitbestimmungsrechte ihre Anliegen einbringen.
Die Schule ist bei der Umsetzung ihres Erziehungsauftrags zur weltanschaulichen und religiösen Neutralität verpflichtet.[18] In Bezug auf die Inhalte und die Vermittlung des Unterrichtsstoffs hat die Schule allerdings die Gestaltungshoheit. Über die reine Wissensvermittlung hinaus sollen die Schüler lernen, sich eine eigene Meinung bilden zu können. Dazu sind die Vermittlung von Werten und die damit verbundenen unterschiedlichen Sichtweisen sowie die Lehre unterschiedlicher wissenschaftlicher Theorien erforderlich.
Daher ist die Forderung des Verbots zur Unterrichtung in Darwins Evolutionstheorie rechtlich nicht haltbar, auch wenn die Eltern entsprechende Wertvorstellungen haben und dem Kind vermitteln. Dem widerspricht es nicht, dass die Schule die religiösen Ansichten der Eltern zu respektieren hat. Aber eine einseitige Werte- und Wissensvermittlung bzw. das Weglassen anerkannter wissenschaftlicher Theorien würde den Anforderungen, die an den staatlichen Erziehungsauftrag gestellt werden, widersprechen.

Anmerkungen und Empfehlungen

Entsprechende Forderungen werden vor allem aus den USA berichtet.
In Deutschland sollte schlicht darauf verwiesen werden, dass die Evolutionstheorie durch die Lehrpläne von Pflichtfächern wie Biologie aber auch Geschichte, Sozialkunde oder Politik als verbindlicher Lehrgegenstand ausgewiesen ist.
Was aber ist zu tun, wenn Schüler entsprechenden Unterrichtseinheiten fernbleiben oder eine offensichtlich fadenscheinige Entschuldigung der Eltern vorliegt? Einen Königsweg gibt es nicht. Selbstverständlich kann, darf und muss die Schule auf der Anwesenheitspflicht bestehen. Entsprechende Verfahren können bis zum Entzug des elterlichen Sorgerechts betrieben werden. Auf der anderen Seite gebietet das Kindeswohl, junge Menschen vor entsprechenden Zerreißproben zu bewahren. In der Regel bleibt daher nur der Weg der Diplomatie: Elternarbeit als Ringen um Aufklärung und gegen Dogmatismus. Hierbei sollte in Gesprächen stets auf den wichtigen didaktischen Grundsatz verwiesen werden, dass die Kenntnis und die Fähigkeit zur Rekonstruktion nicht gleichbedeutend mit erzwungener Zustimmung sind. In keinem deutschen Lehrplan wird das Lernziel formuliert, wonach Schüler die Evolutionstheorie als richtig ansehen sollen.

17| Vgl. BVerfGE 34, 165
18| Vgl. BVerfGE 93, 17

9 »Unser Kind darf die Vertreibung der Armenier nicht als Völkermord bezeichnen!«

Religiös-kultureller Hintergrund

Dieser Konflikt hat primär einen historisch-politischen und keinen religiös-kulturellen Hintergrund. Gegenstand des Konflikts ist die Bewertung des Vorgehens des Osmanischen Reiches gegen die Armenier während des Ersten Weltkrieges. Eine Bewertung der historischen Ereignisse soll an dieser Stelle nicht erfolgen. Tatsache ist, dass zwischen 300 000 und 1,5 Millionen Armenier zwischen 1915 und 1916 auf dem Gebiet des Osmanischen Reiches zu Tode kamen. Zahlreiche international anerkannte Historiker sehen Deportationen und Massaker als erwiesen an und sprechen von Völkermord.[19]

Die Türkei erkennt diese Bewertung nicht an. Entsprechende Behauptungen stehen in der Türkei als „Beleidigung der türkischen Nation, des Staates der türkischen Republik und der Institutionen und Organe des Staates" seit 2008 unter Strafe (Art. 301 des türkischen StGB).

In der jüngsten Vergangenheit kam es zu massiven Verstimmungen zwischen der Türkei und Frankreich, das seinerseits die Geschichte der Armenier als Völkermord anerkennt und die Leugnung jeglicher Völkermorde unter Strafe stellt. Aktuell wurde allerdings der vorliegende Gesetzesentwurf vom französischen Verfassungsgericht zurückgewiesen. Damit kann das umstrittene Gesetz nicht in Kraft treten.

Aus Deutschland sind bisher keine entsprechenden Konflikte berichtet worden. Auf Grund des großen türkischstämmigen Bevölkerungsanteils sind entsprechende Konfrontationen, etwa im Geschichtsunterricht, durchaus zu erwarten.

Alternative Deutungen

Eine alternative religiös-kulturelle Deutung ist in diesem Fall nicht möglich.

Rechtslage

In Deutschland steht allein die Leugnung des Holocaust an den europäischen Juden während des Zweiten Weltkrieges unter Strafe.

Weiterhin folgt aus der allgemeinen Schulpflicht auch eine Pflicht zur Teilnahme am Geschichtsunterricht. Niemand darf dem Geschichtsunterricht fernbleiben, nur weil ihm die dort thematisierten Inhalte nicht behagen. Gleichzeitig gebietet die weltanschauliche Neutralität der Schule, dass eine bestimmte Bewertung oder Titulierung nicht erzwungen werden darf.

Anmerkungen und Empfehlungen

Für die Schule ergibt sich aus der Rechtsprechung eine klare Handlungsgrundlage. Kein Schüler darf dazu gezwungen werden, die Geschichte der Armenier als

„Völkermord" zu bezeichnen. Auch für die Benotung ist es nicht relevant, ob eine entsprechende Bezeichnung anerkannt oder verwendet wird. Auf der anderen Seite dürfen Schüler die Auseinandersetzung mit einer gewissen Quellenlage nicht verweigern. Tun sie dies dennoch, handelt es sich um eine Leistungsverweigerung im Fach Geschichte. Diese kann dann durchaus benotet werden.

19| Vgl. Rainer Hermann: Wohin geht die türkische Gesellschaft? Kulturkampf in der Türkei, München 2008, S. 221

10 »Unser Kind darf nicht am Religionsunterricht teilnehmen!«

Religiös-kultureller Hintergrund

Entsprechende Forderungen entspringen sehr unterschiedlichen Motiven. Zum einen sind Erziehungsberechtigte betroffen, die aus einer atheistischen oder kirchenkritischen Grundhaltung Religionsunterricht prinzipiell ablehnen. Zum anderen sind Angehörige anderer Religionen zu nennen, die eine christliche Beeinflussung oder gar Missionierung während des Unterrichtes befürchten.
In seltenen Fällen lehnen Eltern nur die Auseinandersetzung mit einzelnen Themenbereichen ab, da beispielsweise die Vorstellung eines allmächtigen Gottes oder eines Weltgerichts bei ihren Kindern angstbelastet ist. Schließlich verfolgt die Abmeldung vom Religionsunterricht nicht selten das Ziel, den Kindern Freistunden zu ermöglichen.

Alternative Deutungen

Es ist schwer, Eltern mit einer prinzipiell atheistischen oder kirchenkritischen Haltung zu überzeugen, von ihrer Forderung Abstand zu nehmen, da die Religionslehrpläne in der Tat via Staatsvertrag in Kooperation mit den Landeskirchen entworfen und beschlossen werden. Dies gilt auch für besorgte Eltern anderer Religionen. Es ist nicht abzustreiten, dass die Religionslehrpläne sich nicht allein auf Religionskunde beschränken und stets auch die Weltanschauung der entsprechenden Landeskirchen transportieren sollen. Nur in Bremen wird ein verpflichtender Religionskundeunterricht angeboten, der ausschließlich in staatlicher Verantwortung konzipiert und unterrichtet wird (siehe Rechtslage). Von Missionierung oder der Einübung christlicher Rituale kann jedoch in keinem Bundesland mehr die Rede sein. Längst hat auch die Fachdidaktik Religion auf die multikulturelle Zusammensetzung der Gesellschaft reagiert. Beispielsweise vertritt der Hamburger Religionsdidaktiker Wolfram Weiße einen „dialogischen Religionsunterricht für alle“[20].

Was die Angst vor belastenden Unterrichtsinhalten betrifft, so kann darauf verwiesen werden, dass eine sensible Beschäftigung mit diesen Themen auch positive Auswirkungen auf die kindliche Psyche haben kann.

Rechtslage

Religionsfreiheit und negative Religionsfreiheit werden durch zahlreiche Artikel des Grundgesetzes geschützt (Art. 3 III; Art. 4 I; Art. 7 III GG). Die Teilnahme am Religionsunterricht ist daher prinzipiell eine Entscheidung der Erziehungsberechtigten. Eine Ausnahme stellt lediglich Bremen dar, wo Schulen durch die „Bremer Klausel“ (Artikel 141, GG) davon entbunden sind, Religion als ordentliches Lehrfach anzubieten. Stattdessen wird in Bremen Religionskunde als Pflichtfach angeboten. Dieser Unterricht ist bekenntnisneutral und wird allein in staatlicher Verantwortung konzipiert und unterrichtet.

Die Abmeldung vom Religionsunterricht hat nur selten Freistunden zur Folge. In der Regel haben die Schüler in den einzelnen Bundesländern in fast allen Jahrgangsstufen die Möglichkeit der Wahlpflicht zwischen Religionsunterricht und den angebotenen Alternativfächern. Lediglich in den Bundesländern Berlin und Brandenburg sind die Fächer Ethik bzw. Lebensgestaltung-Ethik-Religionskunde (LER) Pflichtfächer. Hier können die Schüler Relgion „nur“ als freiwilligen Zusatzunterricht belegen. (Vgl. „Unser Kind darf nicht am Ethikunterricht teilnehmen!“)

In der Primarschule bietet nur Mecklenburg-Vorpommern mit dem Fach Philosophieren mit Kindern ein Alternativfach für alle Jahrgänge an. In allen anderen Bundesländern wären die Kinder ohne Alternativfach vom Religionsunterricht freizustellen. Die Aufsichtspflicht während der regulären Schulzeit besteht jedoch weiter.

Anmerkungen und Empfehlungen

Grundsätzlich ist der Forderung der Eltern oder des religionsmündigen Schülers nach Befreiung ihres Kindes vom Religionsunterricht nachzukommen. Dies bedeutet jedoch nicht, dass das Kind von der Schulpflicht entbunden wird. Sofern ein Alternativfach für den Religionsunterricht angeboten wird, treten aber nur selten Konflikte auf. Handlungsbedarf besteht nur dort, wo keine flächendeckende „Wahlpflichtalternative" angeboten wird. Dies ist vor allem in der Primarschule und in den Jahrgängen 5 und 6 einiger Bundesländer der Fall. Überall dort, wo eine betreute Schulzeit garantiert wird, besteht Aufsichtspflicht. Schüler, die vom Religionsunterricht abgemeldet werden, müssen also nach wie vor beaufsichtigt werden. (Vgl. „Unserem Kind muss ein Alternativfach für Religion angeboten werden!")

Hinzuweisen ist auf Schulen mit Profilklassen, die bestimmte Fächerkombinationen für ihre Schüler vorsehen. Wenn Religion profilgebendes Fach ist, wäre darauf zu achten, dass ein vergleichbares Profil mit den Fächern Philosophie oder Ethik angeboten wird. Zudem bietet es sich an, Religion und Ethik/Philosophie auf der Stundentafel parallel zu legen. Der parallele Unterricht ermöglicht eine unkomplizierte Wahlfreiheit für die Schüler.

Eltern, die eine Manipulation oder eine emotionale Belastung ihrer Kinder befürchten, können oftmals durch einen Besuch im Unterricht beruhigt werden. Zudem gilt, dass sensible Themen wie Tod oder Gewalt auch in Alternativfächern wie Philosophie oder Ethik behandelt werden. Auch dort werden kompetente Lehrkräfte die Befindlichkeiten ihrer Schüler berücksichtigen.

20| Vgl. Weiße, Wolfram: Dialogischer Religionsunterricht in Hamburg. In: Grundschule, Westermann, 36. Jg. (April 2004), S. 13–15

11 »Unser Kind darf nicht am Ethikunterricht teilnehmen!«

Religiös-kultureller Hintergrund

Die Ablehnung des verbindlichen Ethikunterrichts hat sowohl kulturelle als auch politische Hintergründe. Ethische Orientierung wird von vielen Menschen als

Monopol der christlichen Kirchen verstanden. Eine Einschätzung, die durch die starke Präsenz kirchlicher Repräsentanten in Ethikkommissionen zum Ausdruck kommt. Das Fernbleiben vom Religionsunterricht oder der Besuch von Alternativfächern wird dabei nicht selten mit Werteverfall und moralischer Desorientierung verbunden. Darüber hinaus wird den Alternativfächern vorgeworfen, religionsfeindliche und nihilistische Tendenzen zu bestärken und notwendige Kenntnisse über die Weltreligionen zu vernachlässigen.

Gleichzeitig erlebte die Fächerfamilie Philosophie, Ethik, Praktische Philosophie, Werte und Normen seit den 1970er-Jahren einen stetigen Aufstieg. Sie wurde zum einen als eigenständiges Bildungsgut befürwortet und gleichzeitig als Alternativfach für „Religionsabwähler" benötigt. Eine Tendenz, die durch die zunehmend multikulturelle Gesellschaft und die weitgehend areligiöse Sozialisation in den neuen Bundesländern massiv befördert wurde. Erhebungen aus Hamburg und Nordrhein-Westfalen zeigen, dass heute die Mehrheit der Schüler nicht den Religionsunterricht, sondern die Alternativfächer belegen.[21] 2006 hat sich das Bundesland Berlin dazu entschlossen, das Fach Ethik als Pflichtfach für alle Schüler einzuführen und Religion lediglich als freiwilliges Zusatzfach anzubieten. Eine Entscheidung, die heftigen Widerstand seitens der Amtskirchen hervorrief. Erst 2009 wurde der Streit durch einen Volksentscheid zu Gunsten des Ethikunterrichts entschieden.

Neben denjenigen, die einen prinzipiellen Überzeugungsstreit führen, gibt es aber auch jene, die ihrem Kind durch die Abmeldung vom Religionsunterricht Freistunden verschaffen wollen und nun über die Verpflichtung zum Ethikunterricht (oder zu einem anderen Alternativfach) empört sind.

Alternative Deutungen

Zunächst darf das Monopol der Kirchen auf ethische Orientierung mit guten Gründen bezweifelt werden. Es sei daran erinnert, dass die Anerkennung einer allgemeinen Menschenwürde nicht durch, sondern gegen die Kirchen erstritten wurde. Nicht nur die Geschichte der christlichen Kirche – und die vieler anderen Religionen – ist geprägt von Verstößen gegen die Menschenrechte. Auch theologisch gab es immer wieder Einwände gegen die Errungenschaften der Aufklärung. Beispielsweise stand die Theorie der **Erbsünde** im Widerstreit mit univer-

salen **Naturrechten** und allgemeiner Menschenwürde. Ähnliches gilt für Meinungsfreiheit, Gleichberechtigung oder sexuelle Selbstbestimmung.
Diese Werte sind Errungenschaften der Aufklärung, der philosophischen Ethik und der politischen Theorie.
Was die Vernachlässigung religionskundlicher Inhalte betrifft, so kann darauf verwiesen werden, dass die Beschäftigung mit den Weltreligionen als fester Bestandteil bundesweit in allen Ethiklehrplänen verankert ist. Auch eine areligiöse oder atheistische Grundhaltung ist nicht Ziel des Ethikunterrichts.

Im Rahmenplan Berlin für das Fach Ethik heißt es:
„Das Fach Ethik wird bekenntnisfrei, also religiös und weltanschaulich neutral, unterrichtet. Eine festlegende oder indoktrinierende Darstellung einer einzelnen Position hat zu unterbleiben."[22]
Zudem betonen fachdidaktische Publikationen, dass der Philosophie- und Ethikunterricht nicht in der Vermittlung eines Werte- oder Theoriekanons, sondern in einer problemorientierten Schulung der Urteilskraft besteht.[23] Nicht die Vermittlung vorgegebener Inhalte, sondern die Schulung philosophisch-ethischer Kompetenzen bildet den Kern dieser Fächerfamilie.
Im Rahmenplan Berlin werden beispielsweise Wahrnehmungs- und Deutungskompetenz, Empathiekompetenz, Argumentations- und Urteilskompetenz, Personale Kompetenz sowie Praktische Kompetenz als Lernziele genannt.[24]
Abschließend kann mit Hartmut von Hentig darauf verwiesen werden, dass die multikulturelle Gesellschaft eines Forums bedarf, in dem junge Menschen, unabhängig von ihrer kulturellen Prägung, gemeinsam um die Deutung von Werten und Normen ringen können. „Werte kommen überall im Unterricht ins Spiel; Wertvorstellungen müssen sich überall bilden können; Wertentscheidung muss überall geübt werden. Aber es muss einen Unterricht geben, in dem diese Grundbedingungen geklärt und bewusst gemacht werden. Ich nenne diesen Unterricht ‚Philosophie'."[25]

Rechtslage

Artikel 7 III GG bezeichnet Religion „an öffentlichen Schulen mit Ausnahme der bekenntnisfreien Schulen [als] ordentliches Lehrfach". Gleichzeitig gilt die Religionsfreiheit, weshalb die Erziehungsberechtigten das Recht haben, „über die Teilnahme des Kindes am Religionsunterricht zu bestimmen". (Art. 7 II GG)

Auch kein Lehrer darf „gegen seinen Willen verpflichtet werden, Religionsunterricht zu erteilen". (Art. 7 III GG) In der Regel wird dies so verstanden, dass Religion als regelmäßiges Unterrichtsfach an allen Schulen anzubieten ist, die Teilnahme jedoch freiwillig bleibt.[26] Derzeit werden in allen Bundesländern Alternativfächer wie Philosophie, Ethik, Praktische Philosophie, Werte und Normen oder Lebenskunde-Ethik-Religion (LER) angeboten.
Da diese Alternativangebote religiös neutral konzipiert sind, ist ihr Besuch verpflichtend. Zudem sind die Bundesländer Bremen und Berlin durch die so genannte Bremer Klausel von Art. 7 III GG entbunden und müssen keinen Religionsunterricht anbieten. Auch Brandenburg nimmt die Bremer Klausel für sich in Anspruch. Zwar bestand in Brandenburg vor dem 1. Januar 1949 keine andere landesrechtliche Regelung als in Art. 7 GG vorgesehen, entsprechendes trat aber bei der Gründung der DDR in Kraft. Eine Klage der katholischen Kirche vor dem Bundesverwaltungsgericht endete 2006 mit einem Vergleich. Seither ist es Schülern in Brandenburg möglich, den LER-Unterricht abzuwählen und stattdessen den von den Kirchen angebotenen Religionsunterricht zu belegen.

Anmerkungen und Empfehlungen

Der prinzipielle Streit über das Für und Wider des Ethik- und Philosophieunterrichts als Ersatzfach für Religion oder als allgemeines Pflichtfach muss auf höherer Ebene entschieden werden. Schule ist hier zunächst Vollzugsorgan einer eindeutigen Rechtslage. In der Regel besteht eine Wahlpflichtalternative. Schüler können in diesem Fall problemlos auf das Alternativfach ausweichen, dessen Besuch verpflichtend ist.

In Berlin ist Ethik Pflichtfach in allen Schulformen. Eltern, die diese Vorgaben missachten, verstoßen gegen die Schulpflicht.

Eltern, die eine wie auch immer geartete Manipulation ihres Kindes fürchten, sollten mit den Rahmenplänen vertraut gemacht werden. Dies könnte auf Elternabenden, durch Informationsschreiben oder in Einzelgesprächen geschehen. Zudem sind die Rahmenpläne auf den Bildungsservern aller Bundesländer einzusehen. Dort ist von der Verpflichtung zur weltanschaulichen Neutralität zu lesen. Weiterhin hat es sich vielfach bewährt, Eltern zu Hospitationen in den Unterricht einzuladen.

21| Vgl. Nenninger, Peter: Praktische Philosophie als Schulfach: Akzeptanz und Wirksamkeit aus Sicht der empirischen Evaluation. In: Ministerium für Schule, Wissenschaft und Forschung des Landes Nordrhein-Westfalen: Praktische Philosophie in Nordrhein-Westfalen. Erfahrungen mit einem neuen Schulfach. Materialien und Abschlussbericht der Wissenschaftlichen Begleitung. Schriftreihe Schule in NRW, Nr. 9038. Düsseldorf 2002, S. 98–119

22| Rahmenplan Ethik, Berlin 2006, S. 10

23| Vgl. Martens, Ekkehard: Methodik des Ethik- und Philosophieunterrichts, Hannover 2003; Steenblock, Volker: Philosophie und Lebenswelt. Beiträge zur Didaktik der Philosophie und Ethik, Hannover 2012; Tiedemann, Markus: Ethische Orientierung für Jugendliche, Münster 2004

24| Vgl. Rahmenplan Ethik, Berlin 2006, S. 11f.

25| von Hentig, Hartmut: Ach die Werte! Ein öffentliches Bewusstsein von zwiespältigen Aufgaben. Über eine Erziehung für das 21. Jahrhundert. München 1999, S. 164

26| Der Pädagoge Hartmut von Hentig vertrat wiederholt die Auffassung, dass Art. 7 III GG nur impliziere, dass Religion auf Nachfrage anzubieten sei.

12 »Unser Kind soll den islamischen Religionsunterricht nicht zusammen mit Sunniten bzw. Schiiten besuchen!«

Religiös-kultureller Hintergrund

In diesem Zusammenhang ist die Diskrepanz zwischen **Sunniten** und **Schiiten** vor allem soziologischer und politischer Kultur. Kulturhistorisch ist darauf zu verweisen, dass die Unterscheidung der beiden Glaubensrichtungen vor allem durch die Bewertung der normativen Texte und die Nachfolge des Propheten gekennzeichnet ist.
Zu den Sunniten gehören heute über 85 Prozent der Muslime in der Welt. Neben dem **Koran** sehen sie auch die **Sunna**, die traditionellen Überlieferungen über die Lebensweise und die Aussprüche des Propheten, als Teil der religiösen Glaubenslehre an. Schiiten stellen etwa 10–15 Prozent der Muslime weltweit und akzeptieren allein den Koran als Wegweiser im Glauben.

Die Muslime sind durch den Streit um die Nachfolge **Muhammads** getrennt. Nach dem Tod des Propheten 632 n. Chr. wurden sowohl dessen Schwiegersohn **Ali** als auch **Abu Bakr**, der langjährige Begleiter und Schwiegervater des Propheten, als legitime Nachfolger angesehen. Erster Kalif wurde Abu Bakr. Ali zog sich zunächst zurück, trat aber 656 n. Chr. nach der Ermordung des dritten Kalifen das vierte Kalifat an, bevor er 661 selbst einem Attentat zum Opfer fiel.

Sunniten sehen Abu Bakr als legitimen Nachfolger an. Schiiten hingegen akzeptieren allein Ali und dessen Nachfahren als Vertreter des Propheten.
Die Spaltung der Muslime verhärtete sich durch die blutigen Kriege in der Nachfolge Alis. In diesen wurde unter anderem Alis zweiter Sohn **Husain** 680 n. Chr. samt aller Angehörigen bei der Schlacht von Kerbela getötet. Schiiten gedenken dieses Ereignisses als Martyrium auf dem jährlichen **Aschura-Fest**.
Heute kommt es vor allem im Irak zu blutigen Kämpfen zwischen Sunniten und Schiiten. Auch zwischen dem mehrheitlich sunnitischen Irak und dem mehrheitlich schiitischen Iran kommt es immer wieder zu religiösen Spannungen.
In Deutschland stellen die fast ausschließlich sunnitischen Türken die große Mehrheit der Muslime.

Alternative Deutungen

Es gestaltet sich schwierig, aus religiöser Perspektive ein alternatives Deutungsmuster anzubieten. Gleichwohl kann darauf verwiesen werden, dass die **Fünf Säulen** des Islam (Glaubensbekenntnis, Gebet, Almosengabe, Fasten, Pilgerfahrt) von allen muslimischen Glaubensrichtungen als verbindliche Grundlage des Islam anerkannt werden und dass in Deutschland auch zahlreiche Moscheen für Sunniten und Schiiten gleichermaßen offen stehen.

Rechtslage

Die Eltern haben gegenüber ihren Kindern im Rahmen der elterlichen Sorge das Bestimmungsrecht hinsichtlich der Religion ihrer Kinder. Dies folgt aus Art. 6 II GG. In Art. 7 II GG ist die Entscheidungsbefugnis der Erziehungsberechtigten hinsichtlich der Teilnahme des Kindes am Religionsunterricht festgehalten. Darüber schützt Art. 4 I GG die Religionsfreiheit. Eine Teilnahme am Religionsunterricht darf daher unter keinen Umständen erzwungen werden. (Vgl.: „Unser Kind darf nicht am Religionsunterricht teilnehmen!")

Anmerkungen und Empfehlungen

Die Realisierung eines islamischen Religionsunterrichts wird in verschiedenen Bundesländern vorangetrieben. Gleichzeitig bringt dieses Vorhaben zahlreiche organisatorische und rechtliche Probleme mit sich.

Neben der Ausbildung und Legitimation von Lehrkräften stellt auch die Heterogenität der muslimischen Welt eine gewaltige Schwierigkeit dar. Der Islam hat keine Amtskirchen hervorgebracht, weshalb keine Kommissionen zusammengestellt werden können, die im Namen der gesamten **Umma** über Lehrinhalte und Lernformen entscheiden können.

Schulen kann daher nur geraten werden, den politischen Entscheidungsprozess abzuwarten. Sobald Lehrpläne vorliegen, können diese auf Informationsabenden mit Schülern, Eltern und Vertretern der örtlichen Glaubensgemeinschaften diskutiert werden. Ob ein muslimischer Religionsunterricht den Schulfrieden befördert oder gar gefährdet, kann unter anderem am Verlauf dieser Veranstaltungen gemessen werden. Zudem sollte ein Meinungsbildungsprozess darüber eingeleitet werden, ob der muslimische Religionsunterricht als Alternativfach oder zusätzliches Wahlangebot zu realisieren ist.

Die Wahlpflichtalternative stärkt die Gleichberechtigung der Glaubensgemeinschaften. Das Berliner Modell des gemeinsamen Ethikunterrichts bei zusätzlichen Wahlangeboten stärkt hingegen den gemeinsamen, religionsübergreifenden Diskurs zwischen den Schülern.

13 »Unser Kind darf nicht am Sexualkundeunterricht teilnehmen!«

Religiös-kultureller Hintergrund

Aus islamischer Perspektive und der Perspektive einiger christlicher Gemeinschaften ist die sexuelle Aufklärung Aufgabe der Familie und nicht die des Staates oder der Schulen.
Im Islam wird im Allgemeinen die Sexualität des Menschen als ein Geschenk Gottes erachtet. Die Unterdrückung des Triebes ist im Islam unerwünscht. Männer und Frauen haben ein Recht auf Erfüllung der sexuellen Bedürfnisse. Muslimische Jungen und Mädchen haben zu lernen, dass die einzige von Gott legitimierte sexuelle Beziehungen die zwischen Mann und Frau und der rechte Ort dafür die Ehe ist.

Nach Meinung einiger konservativer Eltern distanziert sich der Sexualkundeunterricht an Schulen nicht von außerehelicher und homosexueller Sexualität. Aus diesem Grund wird er von einer Reihe von Muslimen und Gläubigen anderer Konfessionen abgelehnt.

Alternative Deutungen

Der Sexualkundeunterricht ist mitnichten als eine Aufforderung zum außerehelichen Sex zu verstehen. Auch ist hiervon nicht die religiöse Erziehung der Eltern berührt. Eltern haben weiterhin das Recht, ihre Kinder zu lehren, dass außereheliche sexuelle Beziehungen dem religiösen Glauben widersprechen.

Rechtslage

Die Teilnahme am Sexualkundeunterricht berührt das Recht der Eltern auf Erziehung ihrer Kinder in Art. 6 II GG. Auf der anderen Seite regelt Art. 7 I GG den staatlichen Bildungs- und Erziehungsauftrag, der gleichberechtigt[27] neben dem elterlichen Erziehungsrecht steht. Staatlicher Erziehungsauftrag und Elternrecht verlangen ein sinnvolles Zusammenwirken der Erziehungsträger bei dem Ziel, das Kind auszubilden.[28] Zum staatlichen Auftrag zählen die Organisation, Leitung und Planung (insbesondere auch die Festlegung der Inhalte) des Unterrichts. Dabei ist die Schule nicht nur zur Wissensvermittlung verpflichtet, sondern darf und soll das Kind gemeinsam mit den Eltern zu einem selbstverantwortlichen Mitglied der Gesellschaft ausbilden. Die Schule ist bei der Umsetzung dieses Auftrags zur weltanschaulichen und religiösen Neutralität verpflichtet. Sie ist darüber hinaus zur Zurückhaltung, Offenheit und Toleranz gehalten.[29]

Hinsichtlich des Religionsunterrichtes schafft das Grundgesetz in Art. 7 II GG klare Grenzen. Die Eltern allein haben das Recht, zu bestimmen, ob ihr Kind am Religionsunterricht teilnimmt, bzw. mit Eintritt der Religionsmündigkeit kann das Kind selbst darüber bestimmen (siehe Info zu Art. 4 GG). Allerdings ist das Bestimmungsrecht bezüglich des Religionsunterrichts eine grundgesetzliche Ausnahmeregelung. Was aber gilt dann bei anderen Fächern, namentlich dem Sexualkundeunterricht, wenn die Inhalte die religiösen bzw. weltanschaulichen Vorstellungen der Eltern tangieren?

Die Frage, ob der Sexualkundeunterricht in den Schulen gegen das Erziehungsrecht der Eltern verstößt, hatte das Bundesverfassungsgericht bereits zu entscheiden. Danach hängt der Unterricht nicht von der Zustimmung der Eltern ab. Zwar unterliegt die individuelle Sexualerziehung grundsätzlich dem Erziehungsrecht der Eltern, so das Gericht, der Staat ist aber auf Grund seines Erziehungs- und Bildungsauftrages aus Art. 7 I GG berechtigt, Sexualkundeunterricht in der Schule durchzuführen. Allerdings muss die Schule bei der Sexualerziehung für die verschiedenen Wertvorstellungen offen sein und Rücksicht nehmen auf das Erziehungsrecht der Eltern und auf deren religiöse und weltanschauliche Überzeugungen. Darüber hinaus sind die Eltern rechtzeitig über den Inhalt und den methodisch-didaktischen Weg der Sexualerziehung zu informieren.[30]

Anmerkungen und Empfehlungen

Die Eindeutigkeit der Rechtslage ist zunächst eine große Entlastung: Sexualkunde ist verbindlicher Bildungsinhalt, d.h. ein rechtlicher Anspruch auf Befreiung vom Sexualkundeunterricht besteht nicht. In der Praxis bleiben dennoch zahlreiche Schüler diesen Unterrichtseinheiten fern. Da Sexualkunde nur selten als Projektwoche oder Projekttag unterrichtet wird, führt eine entsprechende Vermeidungstaktik zu enormen Versäumnissen in nahezu allen Fächern. Schon aus diesem Grund sollte die Schule alles tun, um die Eltern für die Zusammenarbeit zu gewinnen. Deshalb sollten die Eltern rechtzeitig über die Inhalte, Methoden und Medien des Sexualkundeunterrichts informiert werden. Gleichzeitig sollte den Eltern kommuniziert werden, dass der Sexualkundeunterricht eine Pflichtaufgabe der Schule ist und eine Nichtteilnahme ein unentschuldigtes Fehlen darstellt. Um dies nachweisen zu können, sollten diese Informationen grundsätzlich schriftlich erfolgen. Darüber hinaus ist es empfehlenswert, weitere Gesprächsangebote zu unterbreiten, z.B. im Rahmen von Elternabenden. Eine große Schwierigkeit in der Kommunikation besteht nicht selten darin, dass ablehnende Eltern meist selbst große Hemmungen haben, Sexualität verbal zu thematisieren. In diesen Fällen empfiehlt es sich, das Einzelgespräch zu einem gleichgeschlechtlichen Elternteil zu suchen. In einem solchen Gespräch ist es wichtig, den Eltern zu vermitteln, dass das einheitliche Lernziel aller Lehrpläne für Sexualerziehung bzw. Sexualkunde die Vermittlung der biologischen Grundlagen sowie die gesundheitliche Aufklärung und der Abbau von Ängsten ist. Es geht nicht darum, ein freizügiges Sexualleben zu propagieren.[31]

Auch sollte Eltern die Möglichkeit gegeben werden, während einer Stunde in Sexualkunde zu hospitieren.
Insbesondere die gesundheitliche Aufklärung dürfte Eltern am Herzen liegen. Beispielsweise ist schnell einzusehen, dass ein wirksamer Schutz vor HIV nicht dadurch erreicht wird, dass eine Frau jungfräulich in die Ehe geht. Es bedarf genauerer biologischer und hygienischer Kenntnisse, wie sie im Sexualkundeunterricht vermittelt werden.

27| Vgl. BVerfGE 41, 29
28| Vgl. BVerfGE 34, 165
29| Vgl. BVerfGE 93, 17
30| Vgl. BVerfG Beschluss vom 21.12.1977, 1 BvL 1/75; 1 BvR 147/75
31| Vgl. Bundeszentrale für gesundheitliche Aufklärung: Forschung und Praxis der Sexualaufklärung und Familienplanung. Band 4: Richtlinien und Lehrpläne zur Sexualerziehung. Eine Analyse der Inhalte, Normen, Werte und Methoden der Sexualerziehung in den sechzehn Ländern der Bundesrepublik. Eine Expertise von Andrea Hilgers unter Mitarbeit von Susanne Krenzer und Nadja Mundhenke. Köln 2004

14 »Unser Kind soll lernen, dass Sexualität außerhalb der Ehe Sünde ist!«

Religiös-kultureller Hintergrund

Innerhalb der Religionen gibt es unterschiedliche Auslegungen, was legitime und illegitime sexuelle Beziehungen sind. Im Katholizismus, orthodoxen Judentum und Islam gibt es bedeutende Vertreter, die nichteheliche Sexualität für Sünde erklären. Das Alte Testament bezeichnet unter anderem den Ehebruch als Sünde, nicht jedoch den außerehelichen Verkehr als Unzucht. Einschränkend ist hier zu betonen, dass auch bedeutende jüdische Denker, wie beispielsweise Philon von Alexandria, den außerehelichen Verkehr als Unzucht bezeichneten.

Das Judentum versteht die Ehe im Allgemeinen als den legitimen Ort der Sexualität. In der **Mischna** ist zu lesen: „Ein 20-jähriger Jüngling, der ohne Frau lebt, wird von sündigen Gedanken heimgesucht." (**Kidduschin**: 29b)
Die katholische Kirche bezieht eindeutig Stellung gegen Sexualität außerhalb der Ehe. Im Katechismus lesen wir: „Unzucht ist die körperliche Vereinigung zwischen einem Mann und einer Frau, die nicht miteinander verheiratet sind. Sie ist

ein schwerer Verstoß gegen die Würde dieser Menschen und der menschlichen Geschlechtlichkeit selbst, die von Natur aus auf das Wohl der Ehegatten sowie auf die Zeugung und Erziehung von Kindern hingeordnet ist. Zudem ist sie ein schweres Ärgernis, wenn dadurch junge Menschen sittlich verdorben werden."
In den 1990er-Jahren hat die Jugendbewegung „Wahre Liebe wartet" von zahlreichen protestantischen Sekten starke Unterstützung erfahren. Zwar wird die Sexualität vor der Ehe nicht explizit verdammt, die Enthaltsamkeit aber als besondere Tugend hervorgehoben. Der Schwur lautet: „Im Glauben, dass wahre Liebe wartet, verpflichte ich mich gegenüber Gott, mir selbst, meiner Familie, meinen Freunden und meinem zukünftigen Ehegatten, sexuell rein zu bleiben bis zu dem Tag, an dem ich die Ehe schließe."

Im Islam ist Sex außerhalb der Ehe (nach traditioneller Ansicht) verboten. Der **Koran** selbst bezeichnet nichteheliche Sexualität als Unzucht, die nach Sure 24:2 mit 100 Hieben zu bestrafen ist. Das islamische Rechtssystem setzt für Vorwürfe der Unzucht enge Grenzen und leitet aus dem Koran die Bedingungen ab, dass vier Zeugen die Unzucht zu belegen haben und unbewiesene Vorwürfe als Verleugnung mit 80 Peitschenhieben zu bestrafen sind.

Alternative Deutungen

Es gibt Anpassungen von Seiten der monotheistischen Religionen an die Bedingungen der Moderne und an die voranschreitende Säkularisierung der Gesellschaft. Was die voreheliche Sexualität betrifft, ist das Christentum in Europa im Allgemeinen liberaler als die Konfessionen des Nahen und Mittleren Osten.
Vor allem die protestantische Kirche ist bereit, nichteheliche Partnerschaften und Sexualität zu akzeptieren:
„Auch wenn es mittlerweile verschiedene Formen des Zusammenlebens von Frau und Mann gibt, ist die auf Dauer angelegte Gemeinschaft in einer Ehe die geeignetste und verlässlichste Form. Für das Neue Testament und das von ihm bestimmte christliche Verständnis ist die Ehe die von Gott gewiesene Ordnung."[32]
Auch im Islam haben sich jenseits der **Orthodoxie** Institutionen entwickelt, die der vorehelichen und nichtehelichen Sexualität eine gewisse religiöse Legitimität verschaffen. So hat sich im **schiitischen Islam** die Genussehe (auch „Ehe auf

Zeit") etabliert. Die Dauer der Ehe kann von den Ehepartnern festgelegt werden, d.h. der Ehezeitraum kann mehrere Jahre oder auch nur ein paar Stunden betragen. Kritiker wiederum bezeichnen die Genussehe als eine Art legalisierte Prostitution.
Auch der **sunnitische Islam** hat Formen der Ehe entwickelt, die die islamische Orthodoxie mehr oder weniger ablehnt. So ist die Urfi-Ehe eine eheliche Institution, die zwischen einem Paar unter Beglaubigung eines Geistlichen und vor zwei Zeugen geschlossen wird. Diese Ehe kann jederzeit wieder gelöst werden. Da die Ehe weder offiziell noch staatlich anerkannt ist, können weit reichende Konsequenzen die Folge sein, wenn Kinder aus einer solchen Beziehung entstehen, da diese keinen rechtlichen Status erlangen.[33] Da die Ehe im Islam eine Vertragsbeziehung ist, müssen muslimische Männer in der Lage sein, die Ehefrau abzusichern und für den Unterhalt der Familie aufzukommen. Unter den veränderten Bedingungen der Moderne sind viele muslimische Männer hierzu nicht mehr in der Lage. Hinzu kommt, dass auf Grund des längeren Bildungsweges auch das Eintrittsalter in die Ehe in der islamischen Welt gestiegen ist. Dies hatte zur Folge, dass die Anzahl der Urfi-Ehen in Ägypten in den letzten Jahrzehnten sprunghaft gestiegen ist.

Rechtslage

Rechtlich ist diese Wertevermittlung der Eltern gegenüber ihren Kindern nicht zu beanstanden. Sie unterliegt der Ausübung der elterlichen Sorge (§ 1626 BGB). Hinzu kommt, dass diese Aussage einen religiösen Hintergrund hat. Die Eltern dürfen Religion und Erziehung ihrer Kinder selbst bestimmen, solange sie dabei nicht ihre elterliche Sorge missbrauchen (§ 1631 BGB).

Allerdings können die Eltern von der Schule keine einseitige Wertevermittlung in dem gewünschten Sinne erwarten. Die Forderung „Unser Kind soll lernen, dass Sexualität außerhalb der Ehe Sünde ist!" steht im Spannungsverhältnis zwischen staatlichem Bildungs- und Erziehungsauftrag (Art. 7 I GG) und dem (religiösen) Erziehungsrecht der Eltern (Art. 6 II GG). Die Schule ist bei der Umsetzung ihres Erziehungsauftrags zur weltanschaulichen und religiösen Neutralität verpflichtet.[34] In Bezug auf die Inhalte und die Vermittlung des Unterrichtsstoffs hat die Schule allerdings die Gestaltungshoheit. Über die reine Wissensvermittlung hinaus sollen die Schüler lernen, sich eine eigene Meinung zu bilden. Dazu sind die Vermittlung von unterschiedlichen Werten und die damit verbundenen unterschiedlichen Sichtweisen erforderlich. (Vgl.: „Unser Kind darf nicht am Sexualkundeunterricht teilnehmen!")

Anmerkungen und Empfehlungen

Die weltanschauliche Neutralität schulischer Erziehung wird in der Regel dadurch gewährleistet, dass unterschiedliche und konkurrierende Deutungsmuster thematisiert werden. Hierzu gehört auch die Identifikation von Prämissen. Gerade für junge Menschen, die sich zwischen der eigenen Bedürftigkeit und den Anforderungen ihres sozialen Umfeldes zerrissen fühlen, kann es sehr entlastend sein, zu erfahren, dass die eigenen Traditionen keinesfalls alternativlos sind. Mehrere Religionen und Kulturen pflegen einen wesentlich toleranteren Umgang mit Sexualität als konservative Christen oder Muslime. Zudem ist es in einem säkularen Staat erlaubt, religiöse Prämissen gänzlich in Frage zu stellen. Aus laizistisch-philosophischer Sicht ist Sexualität, die freiwillig zwischen mündigen Personen gelebt wird, überhaupt kein Gegenstand ethischer Überlegungen. Wo niemand verletzt oder übervorteilt wird, entsteht kein moralisches Problem.

32| Vgl. „Gott ist ein Freund des Lebens", Gemeinsame Erklärung des Rates der Evangelischen Kirche in Deutschland und der Deutschen Bischofskonferenz. Gütersloh 1989
33| Siehe hierzu folgenden Artikel aus der ägyptischen Wochenzeitschrift Al-Ahram: http://weekly.ahram.org.eg/1999/417/li1.htm
34| Vgl. BVerfGE 93, 17

15 »Unser Kind soll lernen, dass Homosexualität krankhaft ist!«

Religiös-kultureller Hintergrund

Allgemein betrachtet ist in den drei monotheistischen Religionen die sexuelle Beziehung zwischen Mann und Frau im Bund der Ehe die gottgewollte Form der sexuellen Beziehung.

Das traditionelle Judentum kritisiert an der Homosexualität, dass die Vereinigung der Körper wider die natürlichen Anlagen sei, dass die Weitergabe des Lebens bei dieser Praxis ausgeschlossen ist und dass aus ihr keine Familien und somit keine Keimzellen der Gesellschaft erwachsen. Die **Thora** kennt sogar die Todesstrafe für Homosexualität: „Wenn ein Mann mit einem Mann schläft wie mit einer Frau – ein Greuel haben beide verübt, sterben, ja sterben sollen sie, ihr Blut über sie!" (3 Mos 20:13). Diese Position wird jedoch von keiner jüdischen Gemeinde mehr vertreten.

In der Bibel finden sich zahlreiche Stellen, die Homosexualität verurteilen (1 Mos 19:1–29; Röm 1:24–27; 1 Kor 6:10; 1 Tim 1:10). Auf diese beruft sich auch der Katechismus der katholischen Kirche.
„Homosexuell sind Beziehungen von Männern oder Frauen, die sich in geschlechtlicher Hinsicht ausschließlich oder vorwiegend zu Menschen gleichen Geschlechtes hingezogen fühlen. Homosexualität tritt in verschiedenen Zeiten und Kulturen in sehr wechselhaften Formen auf. Ihre psychische Entstehung ist noch weitgehend ungeklärt. Gestützt auf die Heilige Schrift, die sie als schlimme Abirrung bezeichnet [...], hat die kirchliche Überlieferung stets erklärt, ‚dass die homosexuellen Handlungen in sich nicht in Ordnung sind' [...]. Sie verstoßen gegen das natürliche Gesetz, denn die Weitergabe des Lebens bleibt beim Geschlechtsakt ausgeschlossen. Sie entspringen nicht einer wahren affektiven und geschlechtlichen Ergänzungsbedürftigkeit. Sie sind in keinem Fall zu billigen." (Vgl.: „Unser Kind soll lernen, dass Sexualität aus Lust Sünde ist!")

In der arabischen Sprache bezeichnet das Wort „liyata" und in der persischen Sprache der Begriff „liwat" den Akt des Analverkehrs und ist nicht zwingend mit Homosexualität zu übersetzen. Dieser Begriff ist eine etymologische Anlehnung an den alttestamentarischen und koranischen Propheten Lot. Der gleichgeschlechtliche Verkehr wird im **Koran** in Zusammenhang mit der Geschichte Lots behandelt:
„Und (wir sandten) Lot. Als er zu seinem Volk sagte: ‚Wollt ihr denn das Schändliche begehen, wie es vor euch keiner von den Weltenbewohnern begangen hat? Ihr geht in Begierde zu den Männern, statt zu den Frauen. Nein, ihr seid maßlose Leute.'" (Sure 7:80–81)

Inwieweit Homosexualität im Islam zu bestrafen ist, darüber herrscht unter islamischen Rechtsgelehrten Uneinigkeit. Der einzige Koranvers, der eine Bestrafung nahe legt, zeigt nicht eindeutig an, ob er Ehebruch, Unzucht zwischen unverheirateten Männern und Frauen oder gleichgeschlechtlichen Verkehr zum Inhalt hat: „Und wenn zwei von euch es begehen, dann fügt ihnen beiden Leid zu. Wenn sie bereuen und Besserung zeigen, dann lasst von ihnen ab. [...]" (Sure 4:16)

Drei der vier **sunnitischen Rechtsschulen** erachten den gleichgeschlechtlichen Akt gleich dem vorehelichen bzw. dem nichtehelichen Geschlechtsverkehr als Unzucht, die bestraft werden muss. Das geforderte Strafmaß reicht dabei von Peitschenhieben bis zur Hinrichtung. Hierbei darf nicht vergessen werden, dass im Islam für Vorwürfe wegen Unzucht sehr enge Grenzen gesetzt sind. Unbewiesene Vorwürfe werden als Verleumdung erachtet, die ebenfalls mit Peitschenhieben zu ahnden ist. Aus diesem Grund sind Urteile und Bestrafung auf Grund von nicht legalen sexuellen Beziehungen im Islam selten, auch wenn der öffentliche Diskurs eine andere Sprache spricht.
Die hannafitische Rechtsschule erachtet den gleichgeschlechtlichen Akt nicht als Unzucht, jedoch als strafbaren Akt. Das Strafmaß muss aber unter dem niedrigsten Strafmaß für Unzucht liegen.

Alternative Deutungen

Die These, dass Homosexualität krankhaft sei, wurde in der Psychologie bis 1974 vertreten. Die Weltgesundheitsorganisation erfasste Homosexualität bis 1992 in ihrem Katalog für Krankheiten. Den in der Gegenwart vermeidlich existierenden gesellschaftlichen und politischen Konsens in der Bundesrepublik, dass homosexuelle Beziehungen zwischen Erwachsenen eine legitime Beziehungen sind, haben sich Schwule und Lesben in den letzten Jahrzehnten mühsam erkämpft. Die innergesellschaftliche Akzeptanz von Homosexualität ist aber noch längst nicht abgeschlossen. Dieser Fakt ist sicherlich nicht allein den monotheistischen Religionen zuzuschreiben. Eine Instrumentalisierung dieses vermeintlichen Konsens, um insbesondere den Islam zu dämonisieren, ist sicherlich auch nicht im Sinne homosexueller Mitbürger und Aktivisten.

Homophobie existiert unter Muslimen und islamischen Geistlichen genauso wie in anderen Kulturen und Religionen. Abgesehen hiervon gedieh parallel zum religiösen Diskurs über Homosexualität im islamischen Kulturraum eine homoerotische Poesie und Literatur, die bis zur Moderne selten Stein des Anstoßes war.[35]
Das liberale Judentum betont, dass die übergeordnete Aussage der Bibel sei, dass Gott jeden Mann und jede Frau nach seinem Bilde schuf (Bereschit 1:27).

Schon der antike Rabbi Ben Assai lehrte, dass alle Inhalte der Thora von dieser Warte aus zu interpretieren seien. Demnach ist Homosexualität keine Todsünde, sondern eine der vielen möglichen Schwächen des Menschen.[36]
Im christlichen Kontext vertreten vor allem die protestantische Kirche und katholische Laienverbände eine deutlich liberalere Position gegenüber der Homosexualität. Betont wird, dass die Homosexualität in den überlieferten Verkündigungen Jesu keine Rolle spielt. Sodann sei christliches Sexualverhalten neben der Weitergabe des Lebens durch liebende Verantwortung für den Partner gekennzeichnet. Letzteres könne durchaus in homosexuellen Beziehungen gelebt werden.

Rechtslage

Der Aussage, Homosexualität sei krankhaft, ist auch rechtlich entgegenzutreten. Aus wissenschaftlicher Sicht ist es heute unumstritten, dass es sich bei Homosexualität nicht um eine Krankheit handelt. Eine dahingehende Wissensvermittlung ist daher schlichtweg falsch und auch rechtlich nicht vertretbar. Bei dieser Behauptung geht es auch nicht um eine Werteentscheidung, wie beispielsweise bei den Aussagen: „Abtreibung ist Mord" (siehe dort) oder „Sexualität aus Lust ist Sünde" (siehe dort), sondern um eine unwahre Tatsachenbehauptung. Daher kann und sollte solchen Behauptungen entschieden entgegengetreten werden. Wir leben in einer offenen demokratischen Gesellschaft, die Unterschiedlichkeiten nicht nur akzeptiert, sondern auch wünscht und fördert. Homosexuelle Lebenspartnerschaften sind rechtlich mittlerweile der Ehe nahezu gleichgestellt. Jeder hat das Recht der freien Entfaltung seiner Persönlichkeit, wozu auch seine sexuelle Orientierung gehört.
Die Aussage kann zudem eine strafbare Beleidigung darstellen, denn sie wird von Homosexuellen zu Recht als ehrverletzend und diskriminierend empfunden. Unter einer strafrechtlichen Beleidigung (§ 185 StGB) versteht man die Kundgabe der Miss- oder Nichtachtung einer anderen Person, die ehrverletzend sein muss. Beleidigungen fallen nicht mehr unter die Meinungsfreiheit des Art. 5 GG.

Anmerkungen und Empfehlungen

Kaum an einem Ort zeigt sich die Vielfalt unserer Gesellschaft so deutlich wie an Schulen. Diese Vielfalt verlangt den Respekt und die Anerkennung unterschiedlicher Sichtweisen und Meinungen, allerdings nur in den Grenzen unseres

Rechtssystems. Seitens der Schule müssen daher auch aus rechtlicher Sicht keine Aussagen geduldet werden, die erwiesen unwahr sind und andere diskriminieren. Erst recht darf und braucht die Schule solche Aussagen nicht lehren.

Man stellt sich die Seelenqualen junger Menschen vor, die eine homosexuelle Veranlagung in sich spüren und gleichzeitig mit derart diskriminierenden Traditionen konfrontiert sind. Ein aufgeklärtes Schulwesen kann und sollte für diese Betroffenen sowohl soziale als auch intellektuelle Zuflucht sein.

35| Vgl. Bauer, Thomas: Die Kultur der Ambiguität. Eine andere Geschichte des Islams, Berlin 2011; Klauda, Georg: Die Vertreibung aus dem Serail. Europa und die Heteronormalisierung der islamischen Welt, Hamburg 2008

36| Vgl. Biale, David: Eros and the Jews, New York 1997, S. 73ff.

16 »Unser Kind soll lernen, dass Sexualität aus Lust Sünde ist!«

Religiös-kultureller Hintergrund

In der jüdischen und christlichen Tradition gibt es historisch-theologisch bedeutsame religiöse Persönlichkeiten, die Sexualität aus Lust als eine Sünde bezeichnen.

Die Lustfeindlichkeit der jüdisch-christlichen Tradition geht auf eine besondere Interpretation des ersten Buches Moses zurück. Nach dieser Interpretation ist der Sündenfall die Folge mangelnder Selbstbeherrschung. Eva als Repräsentantin des Leibes verführte Adam, den Vertreter der Vernunft. Kontrollverlust und ein Primat der Leiblichkeit sind auch in der Sexualität zu finden, weshalb diese durch Keuschheit beherrscht und gezähmt werden muss:
„Welche aber Christo angehören, die kreuzigen ihr Fleisch samt den Lüsten und Begierden. So wir im Geist leben, so lasset uns auch im Geist wandeln."
(Gal 5:24–25).

Augustinus verstand die Ursünde, von der Paulus schrieb, als **Erbsünde**. Eine Schuld, die von Generation zu Generation durch den Geschlechtsakt weitergegeben wird. Augustinus' Position wurde später durch Thomas von Aquin abgeschwächt. Dennoch verurteilt die katholische Kirche bis heute die Unkeuschheit.

Im Katechismus der katholischen Kirche heißt es: „Unkeuschheit ist ein ungeregelter Genuss der geschlechtlichen Lust oder ein ungeordnetes Verlangen nach ihr. Die Geschlechtslust ist dann ungeordnet, wenn sie um ihrer selbst willen angestrebt und dabei von ihrer inneren Hinordnung auf Weitergabe des Lebens und auf liebende Vereinigung losgelöst wird."

Alternative Deutungen

In den Offenbarungsschriften der drei monotheistischen Religionen findet sich eine Anzahl an Passagen, die eine Auslegung begünstigen, dass die Sexualität ein gottgewollter Trieb ist.
Thora, **Bibel** und **Koran** betonen, dass die Sexualität des Menschen ein Geschenk Gottes ist und ein Naturbedürfnis des Menschen darstellt. Im Judentum und im Islam wird hervorgehoben, dass die Sexualität in der Ehe nicht einzig der Fortpflanzung dient. So wird im Judentum die Sexualität in der Ehe als eine **Mizwa**, ein Gebot, erachtet. Muhammad al-Ghazali (gest. 1111), einer der bedeutendsten islamischen Gelehrten und islamischer Mystiker, begründete den sexuellen Trieb des Menschen damit, dass Gott dem Menschen hiermit einen Vorgeschmack auf das Paradies böte.
Insbesondere die protestantische Kirche, aber auch katholische Laienorganisationen vertreten ebenfalls eine wesentlich lustfreundlichere Auffassung von Sexualität. Demnach wird Sexualität durch die Weitergabe des Lebens (1 Mos 1:27) und durch die lustvolle Vereinigung geprägt (1 Mos 2:24).

Rechtslage

Rechtlich ist diese Wertevermittlung der Eltern gegenüber ihren Kindern nicht zu beanstanden. Sie unterliegt der Ausübung der elterlichen Sorge (§ 1626 BGB). Hinzu kommt, dass diese Aussage einen religiösen Hintergrund hat. Die Eltern dürfen Religion und Erziehung ihrer Kinder selbst bestimmen, solange sie dabei nicht ihre elterliche Sorge missbrauchen (§ 1631 BGB).
Allerdings können die Eltern von der Schule keine einseitige Wertevermittlung in dem gewünschten Sinne erwarten. Die Forderung „Unser Kind soll lernen, dass Sexualität aus Lust Sünde ist!" steht im Spannungsverhältnis zwischen staatlichem Bildungs- und Erziehungsauftrag (Art. 7 I GG) und dem (religiösen) Erziehungsrecht der Eltern (Art. 6 II GG). Die Schule ist bei der Umsetzung ihres

Erziehungsauftrags zur weltanschaulichen und religiösen Neutralität verpflichtet.[37] In Bezug auf die Inhalte und die Vermittlung des Unterrichtsstoffs hat die Schule allerdings die Gestaltungshoheit. Über die reine Wissensvermittlung hinaus sollen die Schüler lernen, sich eine eigene Meinung zu bilden. Dazu sind die Vermittlung von unterschiedlichen Werten und die damit verbundenen unterschiedlichen Sichtweisen erforderlich. (Vgl.: „Unser Kind darf nicht am Sexualkundeunterricht teilnehmen!")

Anmerkungen und Empfehlungen

Den vorangegangenen Ausführungen ist wenig hinzuzufügen. In der Regel werden betroffene Schüler im Alltag mit alternativen Weltanschauungen konfrontiert. Die zunehmende Sexualisierung unserer Gesellschaft trägt allerdings auch dazu bei, dass sich Minderheiten mit lustfeindlicher Grundeinstellung umso intensiver abschotten. Vor allem in der Phase erwachender Sexualität kann diese Zerrissenheit für junge Menschen zur Tortur werden.

Gerade alternativen religiösen Deutungsmustern kommt in diesem Zusammenhang eine besondere Bedeutung zu. Sie bieten psychische Entlastung ohne einen Bruch mit der eigenen Tradition.

37| Vgl. BVerfGE 93, 17

17 »Unser Kind soll lernen, dass Empfängnisverhütung Sünde ist!«

Religiös-kultureller Hintergrund

„Und Gott segnete Noah und seine Söhne und sprach: Seid fruchtbar und mehrt euch und erfüllt die Erde." (1 Mos 9:1)
Die These, dass Empfängnisverhütung eine Sünde ist, wird in erster Linie mit dem Katholizismus in Verbindung gebracht. Neben dem zitierten Gebot zur Weitergabe des Lebens wird in dieser Tradition eine tendenzielle Lustfeindlichkeit

des Christentums wirksam. Sexualität unter Einsatz von Verhütungsmitteln ist rein lustorientiert und damit sündhaft. (Vgl.: „Unser Kind soll lernen, dass Sexualität aus Lust Sünde ist!")

Die Verlautbarung der römisch-katholischen Kirche aus dem Jahr 1968, die Enzyklika Humanae vitae, wird von gläubigen Katholiken und Kirchenvertretern, aber auch von Kirchengegnern dahin gehend ausgelegt, dass Verhütung eine Sünde darstellt.

Alternative Deutungen

Judentum, protestantisches Christentum und Islam lehnen Empfängnisverhütung nicht prinzipiell ab. In diesen Traditionen ist die Sexualität nicht zwingend mit der Weitergabe des Lebens verbunden. Sie dient auch der Beziehungspflege und dem Lebensglück. Auch gesundheitliche oder ökonomische Gründe werden akzeptiert. Das orthodoxe Judentum lehnt allerdings Kondome und andere gegen das Sperma des Mannes gerichtete Verhütungsmittel ab.

Liberale katholische Theologen lesen folgende Sexualethik aus der Enzyklika Humanae vitae, ohne dabei Verhütung zur Sünde zu erklären: Der eheliche Geschlechtsverkehr verbinde zwei Sinndimensionen. Zum einen stünde der Geschlechtsakt für die Verbindung zwischen den Liebenden. Auf der anderen Seite solle die Liebe der Eheleute der Fortpflanzung dienlich sein. Diese Sinndimensionen gehörten also zusammen. Laienorganisationen vertreten auf dieser Basis die Auffassung, dass nicht jeder Geschlechtsakt der Eheleute eine potenzielle Befruchtung implizieren muss.

Rechtslage

Rechtlich ist diese Wertevermittlung der Eltern gegenüber ihren Kindern nicht zu beanstanden. Sie unterliegt der Ausübung der elterlichen Sorge (§ 1626 BGB). Hinzu kommt, dass diese Aussage einen religiösen Hintergrund hat. Die Eltern dürfen Religion und Erziehung ihrer Kinder selbst bestimmen, solange sie dabei nicht ihre elterliche Sorge missbrauchen (§ 1631 BGB).
Allerdings können die Eltern von der Schule keine einseitige Wertevermittlung in dem gewünschten Sinne erwarten. Die Forderung „Unser Kind soll lernen,

dass Empfängnisverhütung Sünde ist!" steht im Spannungsverhältnis zwischen staatlichem Bildungs- und Erziehungsauftrag (Art. 7 I GG) und dem (religiösen) Erziehungsrecht der Eltern (Art. 6 II GG). Die Schule ist bei der Umsetzung ihres Erziehungsauftrags zwar zur weltanschaulichen und religiösen Neutralität verpflichtet.[38] In Bezug auf die Inhalte und die Vermittlung des Unterrichtsstoffs hat die Schule allerdings die Gestaltungshoheit. Über die reine Wissensvermittlung hinaus sollen die Schüler lernen, sich eine eigene Meinung zu bilden. Dazu sind die Vermittlung von unterschiedlichen Werten und die damit verbundenen unterschiedlichen Sichtweisen erforderlich. (Vgl.: „Unser Kind darf nicht am Sexualkundeunterricht teilnehmen!")

Anmerkungen und Empfehlungen

Neben den bisherigen Ausführungen zur Sexualerziehung (vgl.: „Unser Kind soll lernen, dass Sexualität aus Lust Sünde ist!") sei an dieser Stelle auf einen weiteren wichtigen Aspekt verwiesen.
HIV-Prophylaxe gehört zu den wichtigen Herausforderungen unserer Zeit und der schulischen Gesundheitserziehung. Der Hinweis **orthodoxer** Kreise, dass der beste Schutz vor einer HIV-Infektion die Enthaltsamkeit vor der Ehe sei, ist aus bekannten Gründen zu verwerfen. Dies gilt besonders dann, wenn das Gebot von Frauen gelebt und abverlangt wird.

38| Vgl. BVerfGE 93, 17

18 »Unser Kind soll lernen, dass Abtreibung Mord ist!«

Religiös-kultureller Hintergrund

Die monotheistischen Religionen lehnen Schwangerschaftsabbrüche im Allgemeinen ab. Es gibt unterschiedliche Positionen innerhalb und zwischen den Religionen, wann das menschliche Leben beginnt. Die Beantwortung dieser zentralen Frage geht der Beurteilung, ob es sich bei einem Schwangerschaftsabbruch um Mord handelt, voraus.

Im Islam wird der Beginn des Lebens je nach Lesart entweder auf den 40. oder 120. Tag nach der Empfängnis datiert. Nach islamischer Vorstellung haucht ein Engel dem Embryo das Leben ein. Schwangerschaftsabbrüche sind nach islamischem Recht, darüber herrscht nahezu Konsens, nur im frühen Stadium zulässig, also bis zum 40. Tag. Ein Schwangerschaftsabbruch nach der Beseelung des Embryos würde im Islam einer Verletzung des Rechts auf Unversehrtheit des Menschen gleichkommen.
Demgegenüber herrscht unter Muslimen ein breiter Konsens, dass ein Schwangerschaftsabbruch jederzeit möglich ist, insofern das Leben der Mutter gefährdet ist. Ob Schwangerschaftsabbrüche auf Grund von Behinderungen des Kindes nach dem 40. Tag noch möglich sind, darüber sind sich islamische Gelehrte nicht einig.

Die katholische Kirche lehnt den Schwangerschaftsabbruch ab. Papst Johannes Paul II. erklärte in der Evangelium vitae vom 25. März 1995, dass das Leben in dem Augenblick beginnt, wo das Ei befruchtet wird, und somit ein Leben entsteht, dass weder das Leben der Mutter noch des Vaters ist. Das Töten eines Unschuldigen ist nach christlicher Lehre verboten. In Analogie ist auch das Töten eines ungeborenen Menschen, da auch dieses Leben unschuldig ist, verboten. Dies schließt auch Schwangerschaften mit ein, bei denen feststeht, dass das Kind mit einer schweren Behinderung zur Welt kommen wird oder die auf eine Vergewaltigung zurückzuführen sind.
Kirchenrechtlich ist der Schwangerschaftsabbruch legitimiert, wenn medizinische Indikationen auf eine Gefährdung des Lebens der Mutter hinweisen.

Auch die evangelische Kirche sieht sich als „Fürsprecherin des Lebens". Sie respektiert aber in dieser Frage die Entscheidung der Schwangeren für oder gegen das ungeborene Leben. Sie begründet ihre Position mit dem Argument, dass manche Frauen durch die Schwangerschaft in eine so ausweglose Situation geraten, dass sie den Schwangerschaftsabbruch als einzigen Ausweg sehen. Diese Entscheidung für einen Abbruch sei dann zu respektieren, auch wenn die evangelische Kirche einen Schwangerschaftsabbruch grundsätzlich nicht befürworten könne.

Das Judentum scheint unter den drei monotheistischen Religionen die geringsten Schwierigkeiten mit Schwangerschaftsabbrüchen zu haben. Im **Talmud** und den anderen rabbinischen Werken, die sich mit der praktischen Umsetzung der

Regeln der **Thora** im Alltag auseinandersetzen, wird der Embryo nicht als ein von der Mutter unabhängiges Lebewesen angesehen, sondern als Teil des Körpers der Mutter. Aus diesem Grund wurden Schwangerschaftsabbrüche im Judentum seit jeher selten kriminalisiert.

Es gilt im Judentum der Grundsatz, dass das Leben der Mutter Vorrang vor dem ungeborenen Leben hat. Eine Schwangerschaft darf abgebrochen werden, wenn das Leben oder die seelische Gesundheit der Mutter gefährdet ist oder wenn die Mutter auf Grund von Krankheiten bereits körperlich und seelisch vorbelastet ist. Zeitgenössische rabbinische Gesetzeskommentare erlauben auch den Schwangerschaftsabbruch, nachdem eine Behinderung des Kindes pränatal diagnostiziert wurde und eine seelische Belastung der Mutter zu erwarten ist.[39]

Alternative Deutungen

Es gestaltet sich schwierig, ein alternatives Deutungsmuster anzubieten.

Rechtslage

Das Thema Schwangerschaftsabbruch berührt wesentliche Grundwerte des Menschen, nämlich das Selbstbestimmungsrecht der Frau und das Lebensrecht des Menschen. Daher wird es in der Gesellschaft je nach Sichtweise sehr unterschiedlich bewertet. In die Wertung fließen kulturelle, religiöse, medizinische und gesellschaftliche Vorstellungen ein. Auch die Frage, wann menschliches Leben überhaupt beginnt, ist für die Beantwortung maßgebend.
Das Thema Schwangerschaftsabbruch ist rechtlich kompliziert und differenziert zu betrachten. Pauschale Antworten werden dem Wertesystem unseres Grundgesetzes nicht gerecht.

Nach der Wertung des Grundgesetzes steht der Schwangerschaftsabbruch im Spannungsverhältnis zwischen dem grundrechtlich geschützten Selbstbestimmungsrecht der Frau (Art. 2 GG) und dem ebenfalls geschützten Lebensrecht des ungeborenen Kindes (Art. 1 GG).

Das Bundesverfassungsgericht hat dazu entschieden, dass die Menschenwürde auch dem ungeborenen menschlichen Leben zukommt. Das ungeborene Leben ist dem geborenen Leben gleichartig und damit gleichwertig. Dieses Lebensrecht wird auch nicht erst durch die Annahme des Ungeborenen durch die Mutter begründet. Insofern kommt dem ungeborenen Leben rechtlicher Schutz zu, auch gegenüber der zum Schwangerschaftsabbruch bereiten Mutter.[40]

Das Strafrecht hat dieser Wertung Rechnung getragen. Der Schwangerschaftsabbruch ist aus rechtlicher Sicht ein Angriff auf das Leben und damit Unrecht, das strafrechtlich verfolgt wird (§ 218 StGB), wenn auch nicht im Sinne von Mord (§ 211 StGB). Der Schwangerschaftsabbruch nach § 218 StGB ist aber folgerichtig in der Systematik des Gesetzes den Straftaten gegen das Leben[41] zugeordnet. § 211 StGB schützt das geborene Leben (Beginn des Geburtsaktes)[42], der Schwangerschaftsabbruch das ungeborene (der Schutz beginnt rechtlich ab Einnistung, so genannte Nidation). Zudem setzt § 211 StGB – anders als sonstige Tötungsdelikte – voraus, dass der Täter eines der gesetzlich normierten Mordmerkmale erfüllt, namentlich Tötung aus Mordlust, zur Befriedigung des Geschlechtstriebs, aus Habgier oder sonst aus niedrigen Beweggründen, heimtückisch oder grausam oder mit gemeingefährlichen Mitteln oder um eine andere Straftat zu verdecken.
Ein Schwangerschaftsabbruch ist nach der Wertung der Rechtsordnung aus den oben genannten Gründen zwar kein Mord, aber ein Tötungsdelikt, das nur in gesetzlich normierten Ausnahmesituationen straffrei ist. Diese Ausnahmen berücksichtigen die Notlagen der werdenden Mutter.

Nach § 218 a StGB ist ein Abbruch der Schwangerschaft straffrei:

→ **Fristenregelung:** wenn die Schwangere den Schwangerschaftsabbruch verlangt und dem Arzt durch eine Bescheinigung (im Sinne des § 219 StGB) nachgewiesen hat, dass sie sich mindestens drei Tage vor dem Eingriff hat beraten lassen, der Schwangerschaftsabbruch von einem Arzt vorgenommen wird und seit der Empfängnis nicht mehr als zwölf Wochen vergangen sind

→ **Medizinisch-soziale Indikation:** um eine Lebensgefahr oder die Gefahr einer schwerwiegenden Beeinträchtigung des körperlichen oder seelischen Gesundheitszustandes der Schwangeren abzuwenden

→ **Kriminologischen Indikation:** wenn die Schwangerschaft auf einem Sexualdelikt (§§ 176 bis 179 StGB) beruht

Bei Minderjährigen ist wie folgt zu entscheiden: Bei schon 16-Jährigen kommt es auf den Willen der Schwangeren an. Will sie das Kind austragen, so dürfen sich die Eltern dem nicht widersetzen. Ist die Schwangere noch nicht 16 und möchte das Kind austragen, so ist das vom Grundprinzip zu respektieren, es sei denn, dass bei der Austragung schwere Gesundheitsgefahren oder Tod der Schwangeren drohen. Anders herum dürfen die Eltern ihr Kind aber auch nicht zwingen, eine Schwangerschaft auszutragen, wenn beispielsweise eine medizinische Indikation vorliegt.

Die Aussage „Abtreibung ist Mord" unterliegt der Meinungsfreiheit. Das Bundesverfassungsgericht hatte zu entscheiden, ob Abtreibungsgegner einen Arzt auch als „Tötungsspezialisten" bezeichnen und ihn in Bezug zum Holocaust damit auf die gleiche Stufe wie Nazis setzen dürfen. Abtreibungsgegner hatten auf einem Klinikgelände mit Flugblättern demonstriert: „Stoppen sie den Kinder-Mord im Mutterschoß auf dem Gelände des Klinikums, damals: Holocaust – heute: Babycaust". Ein auf dem Gelände tätiger Gynäkologe wurde dabei namentlich genannt.

Das Bundesverfassungsgericht entschied im Jahr 2006[43] dazu, dass die Äußerungen unterschiedlich verstanden werden könnten: „Mord" könne wie im Sprachgebrauch generell als Tötung oder im rechtlichen Sinne als besonders verwerfliche heimtückische Tötung verstanden werden. „Holocaust – heute Babycaust" könne den Arzt auf eine Stufe mit den Nationalsozialisten stellen. Die Äußerung könne aber auch so verstanden werden, dass der Schwangerschaftsabbruch eine verwerfliche Massentötung sei. Im Zweifel ist aber davon auszugehen, dass der Abtreibungsgegner mit seiner Parole nicht eine verwerfliche Massentötung oder einen heimtückischen Mord meinte, sondern eine (von der Meinungsfreiheit gedeckte) „normale" Tötung, so das Bundesverfassungsgericht.
Der Gynäkologe wurde in dem zu entscheidenden Fall allerdings namentlich genannt, sodass der persönliche Vorwurf einer verwerflichen Massentötung für eine Verurteilung wegen Beleidigung ausreiche. Hier liegt die Wertung im Detail, indem zwischen dem konkreten Bezug zu einer Person (hier dem Arzt) und der generellen abstrakten Aussage („Abtreibungspraxis ist Massenvernichtung") unterschieden wird. Die Entscheidung des Bundesverfassungsgerichts wurde im Januar 2011 vom Europäischen Gerichtshof für Menschenrechte bestätigt.

Anmerkungen und Empfehlungen

Stimmen, die Abtreibung als Mord bezeichnen und auch vor Vergleichen mit dem Holocaust nicht zurückschrecken, sind seit Jahren von christlich-fundamentalistischen Gruppen in den USA zu vernehmen. In Europa haben sich vor allem katholische Bewegungen in Polen, Italien, Frankreich und Irland zu Wort gemeldet. Nicht selten wird hierbei von einem „Babycaust" gesprochen. Eine deutsche Internetseite behauptet sogar, die herrschende Abtreibungspraxis sei eine „Steigerungsform" des Holocaust (vgl.: www.babycaust.de).

Eine demokratische Gesellschaft im Allgemeinen und das Schulsystem im Besonderen sind gehalten, radikalen Strömungen entgegenzuwirken. Jeder hat das Recht, Abtreibungen prinzipiell abzulehnen. Die Aussage „Abtreibung ist Mord" unterliegt der Meinungsfreiheit. Einen bestimmten Arzt als Mörder zu bezeichnen, ist ohne juristische Beweisführung eine strafbare Handlung. Intensive und qualitativ hochwertige Debatten sind darum geführt worden, ob und, wenn ja, ab welchem Stadium einem Embryo Menschenwürde zukommt. Bisher konnte keine Partei eine zwingende Beweisführung vorlegen. Aus diesem Grund hat die demokratische Gesellschaft auf einen Mehrheitsbeschluss zurückgegriffen. Das Bildungssystem offener Gesellschaften hat die Vielstimmigkeit ihrer Debatten wiederzugeben und zu ergänzen. Keinesfalls darf sich Schule als Sprachrohr einer Gruppierung instrumentalisieren lassen. Gerade an Rahmenplänen und Lehrwerken der Fächer Ethik und Philosophie kann dokumentiert werden, dass Theorien und Positionen unterschiedlichster gesellschaftlicher und kultureller Gruppen gleichberechtigt dargestellt und kritisch hinterfragt werden. Ziel ist es, die Schüler zu einer ebenso begründeten wie autonomen Meinungsbildung zu befähigen.

39| Vgl. www.uni-saarland.de/fileadmin/user_upload/Fachrichtungen/fr33_KathTheologie/Jochum/Schwangerschaftsabbruch.pdf
40| Vgl. BVerfGE 88, 203ff.
41| Systematik: § 211 Mord, §§ 212, 213 Totschlag, § 216 Tötung auf Verlangen, (§§ 214 bis 215 und 217 aufgehoben), § 218 Schwangerschaftsabbruch
42| Vgl. Fischer, Thomas: Strafgesetzbuch und Nebengesetze, Kommentar. Beck'sche Kurz-Kommentare Bd. 10, 58. Aufl., 2011
43| Vgl. Bundesverfassungsgericht, Beschluss vom 24.5.2006 – 1 BvR 49/00; 1 BvR 55/00; 1 BvR 2031/00

19 »Unser Kind musste seine Ehre bzw. die Ehre seiner Familie verteidigen!«

Religiös-kultureller Hintergrund

Reale und angebliche Ehrverletzungen gehören seit jeher zu den klassischen Konflikten in der Schule und können keinem speziellen religiösen oder kulturellen Hintergrund zugeordnet werden. Beispielsweise werden verbale Beleidigungen der Mutter von Schülern unterschiedlichster Herkunft als legitimer Anlass zum „Zuschlagen" angesehen.

Ein patriarchalisches Männerbild, wie es nicht selten bei Familien aus den ehemaligen Ostblockstaaten zu finden ist, kann den Druck auf Schüler erhöhen, sich als „echter Mann" beweisen zu müssen.

Auch lassen sich Unterschiede im Verständnis von Ehre feststellen. Ehre kann als etwas verstanden werden, das verliehen wird und daher zunächst durch Leistungen zu erwerben ist. Ehre lässt sich jedoch auch als „guter Ruf" der Person oder der Sippe verstehen. In diesem Fall ist die Ehre nicht nur durch Bedrohungen von außen, sondern auch durch eigenes Fehlverhalten bedroht. Insbesondere muslimische Jungen können unter dem Erwartungsdruck stehen, das Verhalten von jüngeren Geschwistern, insbesondere der Schwestern, zu kontrollieren und reale oder angebliche Entehrungen abzuwehren. Gerade in den patriarchalisch geprägten muslimischen Gesellschaften ist die Ehre der Familie unmittelbar an das Sozial- und Sexualverhalten der weiblichen Familienmitglieder gekoppelt. Als Ehrverletzung können u.a. folgende „Verfehlungen" aufgefasst werden: Gespräche mit fremden Männern, „freizügige" Kleidung, vor- und außereheliche Beziehungen, spätes Nachhausekommen, Blickkontakte mit Männern, Beziehungen zu Männern, die von der Familie nicht akzeptiert werden. Nach dem Rollenverständnis dieser patriarchalisch strukturierten Gesellschaften kommt im Fall einer Ehrverletzung einem der nächsten männlichen Familienmitglieder die Aufgabe zu, die Familienehre wiederherzustellen.[44]

Alternative Deutungen

Da die links beschriebenen Tendenzen keine eindeutigen kulturellen oder religiösen Hintergründe haben, fällt es schwer, eine alternative Deutung anzubieten. Geistesgeschichtlich bietet der durch die Aufklärung geprägte Begriff der Würde eine Alternative zum Ehrbegriff. Demnach kann Würde nur durch autonomes, selbstverantwortliches Denken und Handeln erlangt, aber nicht von außen zerstört werden.

Rechtslage

Juristisch ist die Ehre der Person ein durch das Gesetz geschütztes Gut. Ehrverletzung ist nach §§ 185 StGB ein Straftatbestand. Allerdings steht der Schutz der Ehre in einem Spannungsverhältnis zum Grundrecht auf freie Meinungsäußerung. So entschied das Bundesverfassungsgericht in seinem Beschluss vom 10. Oktober 1995, dass die Aussage „Soldaten sind Mörder" nicht automatisch als Ehrverletzung angesehen werden dürfe.[45] Das Urteil macht deutlich, dass es keinesfalls im Ermessen des Beleidigten liegt, ob ein Einschreiten legitim ist. Keinesfalls kann der Rechtstaat individuelle Gewaltmaßnahmen dulden. Dies gilt für den Schulhof ebenso wie für alle Teile der Gesellschaft.

Anmerkungen und Empfehlungen

Schule kann auf dieses Konfliktfeld nur präventiv, z.B. in Form von Projekten zur Gewaltprävention, und mit Sanktionen reagieren. Gewalt, auch verbaler Natur, ist in keiner Weise zu dulden. Wer sich beleidigt fühlt, z.B. durch eine „entehrende" Äußerung über die Mutter, hat das Recht auf Anhörung durch eine Lehrkraft. Diese wiederum kann ggf. Sanktionen gegen denjenigen einleiten, der die Quelle der Ehrverletzungen ist. Gleichzeitig hat nicht der Beleidigte darüber zu entscheiden, ob eine Sanktion angemessen ist. Individueller oder kollektiver Gewalt als Reaktion auf angebliche oder reale Beleidigungen ist mit aller Entschiedenheit entgegenzutreten. Präventiv lassen sich Kenntnisse über verschiedene Wahrnehmungsmuster und unterschiedliche kulturelle Hintergründe vermitteln. Dies kann helfen, Missverständnisse zu vermeiden und Konfrontationen zu verhindern.

44| Vgl. „Der Ehrenmord", www.islaminstitut.de, 2004

45| Bundesverfassungsgericht, Beschluss des Ersten Senats vom 10.10.1995 – 1 BvR 1476/91, 1 BvR 1980/91, 1 BvR 102/92 und 1 BvR 221/92

20 »Unserem Kind darf keine Darstellung Gottes oder des Propheten gezeigt werden!«

Religiös-kultureller Hintergrund

Neben dem Islam gibt es auch im Judentum und in christlichen Zweigen wie der evangelisch-reformierten Kirche ein Bilderverbot.
Es handelt sich hier um ein Konfliktfeld zwischen zwei Wertesystemen. Auf der einen Seite das liberal säkulare Gesellschaftssystem, das den Wert der freien Meinungsäußerung über die religiösen Gefühle und Empfindungen stellt. Auf der anderen Seite die religiösen Wertesysteme, die umgekehrt die religiösen Gefühle über das Recht, „sich ein Bild zu machen", stellen. Daher betrifft dieses Problem alle Religionsgemeinschaften.
Von Seiten der katholischen Kirche wurde die Neuinterpretation und Entfremdung der Darstellung des Abendmahles, insbesondere für Werbezwecke, als Verletzung der religiösen Gefühle wahrgenommen. 1998 hatte die Volkswagengruppe Frankreich eine Werbung geschaltet, die von katholischer Seite als eine Parodie auf das Abendmahl wahrgenommen wurde. 2005 hatte das französische Modelabel Girbaud mit der Darstellung des Abendmahles geworben. Hier wurden Christus und die Jünger, bis auf eine Person, von Frauen verkörpert. Die Frauen sind sittsam gekleidet, einzig die männliche Person ist mit freiem Oberkörper gezeigt. Beide Kampagnen wurden von französischen Gerichten verboten.[46]
Da in jüngster Vergangenheit der Streit um die **Muhammad-Karikaturen** im Fokus der öffentlichen Debatten stand, werden im Folgenden die islamischen Positionen diskutiert.

Im Islam ist die bildliche Darstellung von Lebewesen ein umstrittenes Thema. Im **Koran** gibt es wenige Bezugspunkte, die für oder gegen ein Bilderverbot argumentieren. Nach Sure 37:94–95 fragt Abraham: „[...] Wie könnt ihr denn das verehren, was ihr selbst gemeißelt habt, wo doch Gott euch das, was ihr tut, erschaffen hat?" Und in einer Anzahl von Versen wird Gott als Schöpfer und Gestalter bezeichnet. Das Bilderverbot im Islam könnte mit dem monotheistischen Gottesverständnis zusammenhängen und wäre somit als Abgrenzung zu der vorislamischen Götzenanbetung zu verstehen. Während nach islamischer Tradition der Prophet Muhammad nach der Eroberung seiner Heimatstadt **Mekka** das Heiligtum, die **Kaaba,** von Götzenstatuen und Bildern befreite, ist die Schilderung in der ältesten Prophetenbiografie von Ibn Ishaq der Bereinigung der Kaaba wesentlich unspektakulärer. Hier ist einzig die Rede von einer hölzernen Taube, die der Prophet Muhammad zerschlug, nachdem er sich die Kaaba öffnen ließ.[47] Die Auseinandersetzung über ein Bilderverbot im Islam wird in der Prophetentradition geführt, deren Verschriftlichung erst im zweiten islamischen Jahrhundert begann. In einem häufig zu diesem Thema zitierten Prophetenausspruch heißt es, dass kein Engel ein Haus betreten würde, in dem sich ein Hund oder eine bildliche Darstellung befindet.[48] Die Verknüpfung Hunde und Bilder zeigt an, dass Bilder mit etwas Unreinem assoziiert werden. Ein weiteres Argument, welches in der Prophetentradition gegen Bilder hervorgehoben wird, ist, dass Bilder den Gläubigen bei der Ausführung des Gebets ablenken könnten.[49]

Unberührt der Tatsache, dass der Ursprung des Bilderverbotes im Islam ungeklärt ist, ist die Darstellung des Propheten Muhammad für Muslime ein Tabu. Der strenge Monotheismus im Islam und der Wunsch, jegliche Andeutungen einer unzulässigen Anbetung des Propheten zu vermeiden, könnten hierfür die Ursachen sein.

Alternative Deutungen

Das islamische Bilderverbot wurde in der islamischen Kulturgeschichte sehr unterschiedlich ausgelegt. Selbst das Verbot einer bildlichen Darstellung der Propheten wurde in der islamischen Kulturgeschichte auch von **sunnitischen Muslimen** nicht immer konsequent befolgt.

In unserer Gegenwart scheint ein anderes Problem wesentlich zentraler für die Ablehnung vieler Muslime gegen die bildliche Darstellung des Propheten zu sein. Es ist die Angst, dass Nicht-Muslime die Propheten, und insbesondere den Propheten Muhammad, zum Gegenstand von Spott und Hohn nehmen könnten.[50]

Rechtslage

Art. 4 I GG schützt die Glaubens- und Gewissensfreiheit. Zur Glaubensfreiheit gehört der Schutz der Ausübung des Glaubens und auch das Recht, nicht zu glauben (negative Religionsfreiheit) und zu keiner oder nicht zu einer bestimmten Religionsgemeinschaft zu gehören. Ferner gehört zur Glaubensfreiheit das Recht auf Befolgung der damit verbundenen Ge- und Verbote. Soweit also der Glaube die Darstellung des Propheten verbietet, ist dieses Verbot von der Schule zu beachten.

Anmerkungen und Empfehlungen

An dieser Stelle ist es wichtig, eine klare Unterscheidung zu machen. Niemand darf gezwungen werden, Abbildungen zu betrachten, die seinem religiösen Empfinden widersprechen. Andererseits darf niemand auf Grund seines persönlichen Empfindens von anderen verlangen, die Betrachtung oder Anfertigung gewisser Gegenstände zu unterlassen.
Selbstverständlich ist es Schülern oder Studenten freigestellt, ob sie in entsprechenden Seminaren oder Unterrichtseinheiten Abbildungen wie die Muhammad-Karikaturen betrachten wollen oder nicht. Gleichzeitig besteht keinerlei Recht darauf, diese Entscheidung auch anderen abzuverlangen. Das Recht auf Nichtbetrachtung und Ablehnung entspringt ebenso der Meinungsfreiheit wie das Recht auf Betrachtung und Zustimmung.

In der Tat ist hier eine beunruhigende Entwicklung zu verzeichnen. Als vor 21 Jahren die **Fatwa** gegen Salman Rushdie ausgesprochen wurde, schien die Solidarität der aufgeklärten Welt noch belastbar zu sein. Mit der gebotenen Empörung wurde das Todesurteil von höchster politischer Ebene zurückgewiesen. Aufenthaltsrecht und Schutzangebote wurden formuliert, die „Satanischen Verse" wurden in zahlreiche Sprachen übersetzt, gedruckt und nicht selten nur aus prinzipiellen Überlegungen gekauft und gelesen.

17 Jahre später hatte sich das Bild dramatisch gewandelt. 2006 überschlugen sich europäische Staatsoberhäupter und Verleger mit Entschuldigungen und Bekundungen des Bedauerns, als dänische Karikaturisten es wagten, das Recht auf Pressefreiheit zu nutzen. In zahlreichen europäischen Ländern wurden sogar Gesetze zur Beschneidung der Religionskritik auf den Weg gebracht, die allerdings scheiterten.

46| Ausführlicher dazu: www.protestantismeetimages.com/Zur-Verteidigung-verbotener-Bilder.html
47| Vgl. Ibn Ishaq, Muhammad: Das Leben des Propheten, aus dem Arabischen von Gernot Rotter, Kandern im Schwarzwald 2008[4], S. 223
48| Vgl. Naef, Silvia: Bilder und Bilderverbot im Islam, München 2007, S. 15
49| Ebd., S. 16
50| Ebd., S. 109

21 »Unser Kind darf keinerlei Tiere töten oder zerlegen!«

Religiös-kultureller Hintergrund

Das Sezieren und Präparieren von bereits getöteten Tieren aus Schlachtabfällen, wie z.B. Rinderaugen, gehört nach wie vor zur Praxis des Biologieunterrichts. Im Allgemeinen wird das Töten von Tieren aus ethischer und gesellschaftlicher Sicht kritisch betrachtet. Im Buddhismus und Hinduismus ist es eine religiöse Forderung, auf die Tötung von Tieren soweit als möglich zu verzichten.

Anhänger der Zeugen Jehovas lehnen jede Form des Kontaktes mit Blut ab. Nach dieser Weltsicht kommt das Eintreten von Blut in den eigenen Blutkreislauf dem Abfall vom Glauben gleich. Dies kann für die Gläubigen weit reichende soziale Folgen haben wie den Ausschluss aus der Gemeinschaft. (Vgl.: Unser Kind darf im Fall eines Unfalls keine Blutspende erhalten!")

Alternative Deutungen

Es gestaltet sich schwierig, ein alternatives Deutungsmuster anzubieten, da die Motivationslage sehr unterschiedlich ist.

Rechtslage

Art. 4 I GG schützt die Glaubens- und Gewissensfreiheit. Zur Glaubensfreiheit gehört der Schutz der Ausübung des Glaubens und auch das Recht, nicht zu glauben (negative Religionsfreiheit) und zu keiner oder nicht zu einer bestimmten Religionsgemeinschaft zu gehören. Ferner gehört zur Glaubensfreiheit das Recht auf Befolgung der damit verbundenen Ge- und Verbote. Soweit also der Glaube die Tötung oder das Sezieren von Tieren verbietet, ist dieses Verbot von der Schule zu beachten. Sollten beispielsweise im Biologieunterricht Tiere zu Lernzwecken zerlegt werden[51], so darf der betroffene Schüler dazu nicht verpflichtet werden. Auch dürfen deswegen keine Sanktionen verhängt werden.

Anmerkungen und Empfehlungen

Der Biologieunterricht ist der einzige Kontext, in dem diese Forderungen zumindest zu Einschränkungen führen könnten. Gleichwohl haben Tausende von Schülern die Schule durchlaufen, ohne jemals ein Tier im Biologieunterricht zu zerlegen. Andere wurden nur deshalb von diesen Untersuchungen freigestellt, weil sie kein Blut sehen konnten. Sofern also nicht gerade ein Medizinstudium angestrebt wird, besteht wenig Anlass zur Intervention, zumal im Biologieunterricht schon aus Kostengründen immer häufiger auf Modelle zurückgegriffen wird. Eine grundsätzliche Debatte um Fragen der Tierethik sollte in der Elternarbeit vermieden werden. Die jeweiligen Positionen beruhen selten auf sachlicher Reflexion und unterscheiden sich deutlich von den wissenschaftlichen Diskursen um den ethischen Rang von Tieren.[52]

51| Sektionen an Tieren, die eigens für diesen Zweck getötet wurden, sind in Deutschland an Schulen verboten (siehe BvR 1834/97 vom 20.3.2000). Die Präparation von Tieren oder Tierteilen, wie Rinderaugen oder von Tieren, die zu anderen Zwecken getötet wurden, z.B. Fische aus dem Lebensmittelhandel, ist aus rechtlicher Sicht nicht verboten.

52| Vgl. Ekkehard Martens: Zum Anthropozentrismus der Tierethik. In: Zeitschrift für Didaktik der Philosophie und Ethik. Heft 4/1994, S. 224–232

22 »Unser Kind darf nicht an der Klassenreise teilnehmen!«

Religiös-kultureller Hintergrund

Mögliche Motive der Eltern oder auch der Schüler können religiöser Art sein. Das Spektrum der Argumente reicht von Ängsten, mit anderen Weltanschauungen in Kontakt zu treten, den eigenen religiösen Pflichten nicht gerecht zu werden, bis zur Angst, dass die Religiosität von den Mitschülern und dem Betreuungspersonal nicht ernst genommen bzw. missachtet wird. Des Weiteren können auch kulturelle Faktoren und die Sozialisation eine Rolle spielen. (Vgl.: „Unsere Tochter nimmt nicht am Schwimmunterricht teil!" und „Unsere Tochter darf sich nicht die Fingernägel lackieren!")

Alternative Deutungen

Grundsätzlich verbietet keine Religion oder Weltanschauung, an einer Klassenreise teilzunehmen!

Rechtslage

Für jeden Schüler besteht die Pflicht, an allen Unterrichtsveranstaltungen teilzunehmen. Dazu gehört auch die Klassenfahrt.

„Die vom staatlichen Erziehungsauftrag umfasste Schulpflicht in der Gestalt der Teilnahmepflicht an einer Klassenfahrt hat eine ganz besondere pädagogische Bedeutung. Die Klassenfahrt ist, anders als der herkömmliche Schulunterricht, nicht auf die Vermittlung von schulischem Wissen, sondern auf die Einübung sozialer Verhaltensweisen im Klassenverband und die Verfestigung der Klassengemeinschaft gerichtet. Insofern ist die Klassenreise eine pädagogische Veranstaltung, in welcher der Staat seinen in Art. 7 Abs. 1 GG verankerten Anspruch, auch an der Formung des Persönlichkeitsbildes der ihm anvertrauten Schüler mitzuwirken, konkretisiert. Die vorstehend skizzierten Hauptfunktionen einer mehrtägigen Klassenreise sind an dem Menschenbild des Grundgesetzes, nämlich der eigenverantwortlich handelnden, der sozialen Gemeinschaft verpflichteten und auf Toleranz und Respekt gerichteten Persönlichkeit, orientiert", so das Verwaltungsgericht Hamburg.[53]

Beim Thema Klassenfahrt können zum einen die Gewissens- und Religionsfreiheit der Schüler, zum anderen das Recht der Eltern auf Erziehung (Art. 4 und 6 GG) mit dem staatlichen Bildungs- und Erziehungsauftrag (Art. 7 GG) kollidieren. Bedenken, die von Seiten der Schüler oder Eltern geäußert werden, sind beispielsweise die Nichteinhaltung religiöser Gebetsvorschriften oder die Angst vor unerwünschtem Kontakt mit dem anderen Geschlecht. Grundsätzlich besteht jedoch kein Anspruch auf Befreiung von Klassenfahrten unter Berufung auf Art. 4 und Art 6 GG. Die Schule ist allerdings dazu verpflichtet, alle ihr zur Verfügung stehenden, zumutbaren und organisatorischen Möglichkeiten auszuschöpfen, um die Hindernisse zu beseitigen. Nur wenn die Schule dieser Pflicht nicht nachkommt oder nicht nachkommen kann, kann sich hieraus ein Anspruch auf Befreiung von der Teilnahme an der Klassenfahrt ergeben.

Allerdings muss dann konkret nachgewiesen werden, dass eine Beeinträchtigung vorliegt, die den betreffenden Schüler in eine Gewissensnot bringt. Hier ist also immer der konkrete Einzelfall maßgebend.

Im Fall einer muslimischen Schülerin hat das Oberverwaltungsgericht Münster 2002 für die Befreiung entschieden. Die Ängste und Zwänge des Mädchens hätten durchaus „Krankheitswert". Die Schülerin und die Eltern beriefen sich auf folgende Bedenken:

- ihre ständige Furcht, auf Klassenfahrten könne in ihrem Essen Schweinefleisch sein, das sie aus religiösen Gründen nicht esse,
- ihre Furcht, die fünf notwendigen täglichen Waschungen und Gebete nicht vornehmen zu können,
- ihre psychische Belastung bei Nichteinhaltung der Regeln,
- ihre Furcht, ihre Mitschülerinnen könnten sie seltsam finden, wenn sie so dusche, wie es der Glaube ihr allein ermögliche,
- ihre Furcht, sich vor ihren Mitschülerinnen unbekleidet zeigen zu müssen,
- ihre Furcht, ihr Kopftuch zu verlieren,
- ihre ständige Hektik in Sorge darum, nie ohne Kopftuch zu sein[54]

In einem anderen Fall eines Schülers christlichen Glaubens entschied das Verwaltungsgericht Hamburg[55] (und in einem sehr ähnlichen Fall das Verwaltungsgericht Bremen[56]) gegen die Befreiung von der Klassenfahrt. Die Eltern hatten vorgebracht, dass sie bei der Klassenfahrt das Kind manchen Gefahren ausgesetzt sähen, die sie in biblischer Sicht nicht verantworten könnten, namentlich sollten „Abendtänze" (Discos) und eine Halloween-Feier stattfinden. Das sei mit dem christlichen Leben nicht vereinbar. Es komme auch oft vor, dass Kinder gerade bei den Klassenfahrten mit Übernachtungen sexuell belästigt würden. Die Lehrer seien oft gar nicht in der Lage, die Kinder davor zu schützen.
Das Gericht sah diese Begründung als nicht ausreichend an, um eine schwere innere Notlage des betroffenen Schülers zu rechtfertigen. Im Übrigen seien die Halloween-Party und die Tanzveranstaltung keine Schulveranstaltungen, sondern die Teilnahme sei freiwillig.

Anmerkungen und Empfehlungen

Die oben abgebildeten Urteile zeigen ein verwirrendes Bild. Es ist kaum einzusehen, warum die Belastungen der jungen Muslima aus Münster schwerwiegender sein sollen als die ihrer Altersgenossen aus Bremen und Hamburg. Nahezu alle Bedürfnisse, wie separates Duschen und Umziehen sowie entsprechende Gebets- und Speisevorschriften, lassen sich auf Klassenfahrten nahezu ebenso gut realisieren wie während des normalen Schulalltags.

Wichtig ist, zu realisieren, wie sehr ein vorschnelles Nachgeben betroffene Schüler in eine bei Weitem nicht immer selbstgewählte Isolation treibt. Es sollten daher alle zur Verfügung stehenden Möglichkeiten ausgeschöpft werden, um die Teilnahme an Klassenfahrten zu ermöglichen. Es empfiehlt sich, die Eltern bereits bei der Planung einzubeziehen. In einem Elternbrief kann beispielweise frühzeitig über die Zielsetzung der Klassenfahrt, Orts- und Terminvorstellungen informiert werden. Hilfreich sind auch Hinweise, dass religiöse Speisevorschriften eingehalten werden, nach Geschlechtern getrennte und beaufsichtigte Schlafräume vorgesehen sind sowie auf die Einhaltung des Alkoholverbots geachtet wird. Darüber hinaus kann Eltern angeboten werden, als zusätzliche Aufsichtsperson die Klassenreise zu begleiten. Allerdings sollte zuvor genau überlegt werden, ob diese Regelung im Interesse der betroffenen Schüler ist.

53| Vgl. VG Hamburg 15. Kammer, Urteil vom 7.4.2009, 15 K 3337/08
54| Vgl. OVG Münster, Beschl. v. 17.1.2002 – 19 B 99/02
55| Vgl. VG Hamburg 15. Kammer, Urteil vom 7.4.2009, 15 K 3337/08
56| Vgl. VG Bremen Urteil vom 13.10.2010, Az. 1 K 256/08

23 »Unser Kind muss während der Klassenreise ein Gotteshaus besuchen können!«

Religiös-kultureller Hintergrund

In vielen Religionen wird der Gottesdienst in der Gemeinschaft der Gläubigen zelebriert. In der Regel werden Gottesdienste in Gotteshäusern abgehalten.

Im Islam zählt das Gebet zu den Gottesdiensten und stellt eine der **Fünf Säulen** des Islam dar. Freitagmittag sind Muslime verpflichtet, das Gebet in der Gemeinschaft zu absolvieren. Ort dieser Zusammenkunft ist die Moschee. Moscheen sind keine sakralen Gebäude und nicht im klassischen Sinne Gotteshäuser. Muslime bezeichnen sie als Ort der Zusammenkunft bzw. als „Ort der Niederwerfung".
Auch die verschiedenen christlichen Konfessionen und das Judentum kennen den Gottesdienst in der Gemeinschaft der Gläubigen. In der Regel findet der Gottesdienst der großen christlichen Konfessionen in Kirchen am Sonntag und an Feiertagen statt.
Der Gottesdienst im Judentum findet in Synagogen von Freitagabend bis Samstagabend (Sabbat) sowie an Feiertagen statt. Unabhängig vom Gottesdienst ist es dem einen oder anderen gläubigen Menschen ein Bedürfnis, in einem Gotteshaus das tägliche Gebet zu absolvieren oder die Möglichkeit zur Beichte zu haben.

Alternative Deutungen

Es gestaltet sich sehr schwierig, aus religiöser Perspektive ein alternatives Deutungsmuster anzubieten.

Rechtslage

Die Forderung wirft die Frage auf, ob die Schule tatsächlich dafür zu sorgen hat, dass der Besuch eines Gotteshauses auf der Klassenreise möglich ist, und wenn nicht, ob dann eine Befreiung von der Klassenfahrt in Frage kommt.

Für jeden Schüler besteht grundsätzlich die Pflicht, an allen Unterrichtsveranstaltungen teilzunehmen. Dazu gehört auch die Klassenfahrt. Eine Befreiung kommt nur in begründeten Ausnahmefällen in Betracht. (Vgl.: „Unser Kind darf nicht an der Klassenreise teilnehmen!")
Wenn Gewissens- und Religionsfreiheit der Schüler sowie das Recht der Eltern auf Erziehung (Art. 4 und 6 GG) mit dem staatlichen Bildungs- und Erziehungsauftrag (Art. 7 GG) kollidieren, ist ein schonender Ausgleich der widerstreitenden Rechtspositionen durchzuführen. Die Schule ist daher verpflichtet, alle ihr zur Verfügung stehenden, zumutbaren organisatorischen Möglichkeiten auszu-

schöpfen, um die Hindernisse zur Teilnahme an der Klassenfahrt zu beseitigen. Nur wenn die Schule dieser Pflicht nicht nachkommt oder nicht nachkommen kann, ist eine Unterrichtsbefreiung möglich. Allerdings muss dann konkret nachgewiesen werden, dass eine Beeinträchtigung vorliegt, die den betreffenden Schüler in eine Gewissensnot bringt. Insoweit wäre in diesem Fall seitens der Schule zu prüfen, ob der Besuch eines Gotteshauses gewährleistet werden kann. Wenn dies nicht der Fall sein sollte, muss wiederum seitens des Schülers bzw. der Eltern nachgewiesen werden, dass die fehlende Möglichkeit aus Glaubensgründen zwingend zu einer Befreiung von der Klassenfahrt führen muss. Zudem muss die fehlende Möglichkeit zu einer inneren Notlage im Hinblick auf die Gewissens- und Religionsfreiheit führen. Nur unter diesen engen Voraussetzungen wäre eine Befreiung möglich. (Vgl.: „Unser Kind darf nicht an der Klassenreise teilnehmen!" und „Unser Kind muss während des Schulalltags beten können!")

Anmerkungen und Empfehlungen

Entsprechende Forderungen werden vor allem von kleineren christlichen Gemeinschaften erhoben. Muslimische Schüler sind nur dann betroffen, wenn auch das Freitagsgebet in die Zeit der Klassenreise fällt.

Den Ausführungen zum Thema Klassenreise (vgl. „Unser Kind Kinder darf nicht an der Klassenreise teilnehmen!") ist wenig hinzuzufügen. Tatsächlich ist eine derartige Auflage bei zahlreichen Klassenreisen nicht zu realisieren. Oftmals wird diese Forderung nur vorgebracht, um die Teilnahme an Klassenreisen gänzlich zu verhindern. Dies gilt besonders dann, wenn als Gotteshaus nur die Einrichtungen der eigenen Kirche angesehen werden.

Es hat sich nicht selten als hilfreich erwiesen, direkten Kontakt zu den Vorständen der entsprechenden Glaubensgemeinschaften aufzunehmen. Wenn beispielsweise ein Pastor oder ein Imam gegenüber dem Klassenlehrer die Klassenreise als unbedenklich einstuft, können einige Eltern zum Umdenken bewogen werden.

24 »Das Schlagen von Kindern hat bei uns Tradition!«

Religiös-kultureller Hintergrund

Nicht selten wird versucht, die Züchtigung von Kindern religiös zu legitimieren. Gleichwohl handelt es sich primär um verfestigte „Gewohnheitsrechte", die von der Schule nicht akzeptiert werden können.

In der islamischen Welt hat sich eine patriarchale Gesellschaftsordnung durchgesetzt. Die Züchtigung von Kindern ist eine nicht wegzudiskutierende verbreitete Praxis. Die Autorität des Familienoberhaupts in dieser Gesellschaftsform ist von zentraler Bedeutung. Dem Familienoberhaupt schuldet man Respekt und Gehorsam.

Je gläubiger Christen sind, desto eher schlagen sie ihre Kinder. Das belegt zumindest eine Studie des Kriminologischen Forschungsinstituts Niedersachsen (KFN). Evangelikal-freikirchliche Christen, wie Baptisten, Adventisten oder Methodisten, tendieren noch eher zu Gewalt in der Erziehung als Katholiken, Protestanten oder Muslime. Zur Rechtfertigung ihrer Erziehungsmaßnahmen verweisen die Freikirchlicher, die sich stark am Wortlaut der **Bibel** orientieren, auf das Alte Testament:[57]
„Wer seine Rute schont, der hasst seinen Sohn; wer ihn aber liebhat, der züchtigt ihn bald." (Sprüche 13:24)
„Rute und Strafe gibt Weisheit; aber ein Knabe, sich selbst überlassen, macht seiner Mutter Schande." (Sprüche 29:15)
Vor diesem Hintergrund wird immer wieder von Konflikten zwischen Schulen und Eltern berichtet. Auch viele Zeugen Jehovas nehmen das Züchtigungsrecht für sich in Anspruch.

Alternative Deutungen

Die normativen Quellen des Islam belegen in keiner Weise, dass das Züchtigen von Kindern im Islam erlaubt ist. Eine Legitimation der körperlichen Züchtigung von Kindern ist im **Koran** nicht belegbar. Es konnte auch kein Beleg in den Überlieferungen des Propheten aufgefunden werden. Ganz im Gegenteil.

Die islamische Ethik betont die Wichtigkeit der Pietät der Eltern gegenüber den Kindern und umgekehrt. Nach einer Überlieferung kam ein Beduine zum Gesandten Gottes und stellte fest, dass die Muslime ihre Kinder küssen. Die Beduinen pflegten dies nicht zu tun. Der **Prophet Muhammad** soll ihm geantwortet haben: „Was kann ich dafür, dass Gott die Barmherzigkeit aus deinem Herzen genommen hat." Nach einer anderen Überlieferung heißt es: „Dass der Mann sein Kind erzieht, ist besser, als dass er einen Behälter voll als Almosen gibt."[58] Man darf nicht vergessen, dass das Almosengeben zu den fünf Pflichten des Islam zählt. Die Verknüpfung der Erziehung der Kinder mit einer der **Fünf Säulen** des Islams bestärkt die Wichtigkeit der Erziehung nach islamischer Lehre. Muslimische Eltern sind demnach angehalten, ihren Kindern Zuneigung, Liebe und Fürsorge entgegenzubringen. Zudem untersagen die normativen Quellen des Islam die Bevorzugung der Söhne vor den Töchtern.

Dass es Bibelstellen oder Aussagen im Alten Testament, die das Schlagen oder Züchtigen von Kindern beinhalten, gibt, bedeutet nicht, dass die katholische und die evangelische Theologie oder sonstige christliche Konfessionen das Schlagen von Kindern auch legitimiert. Der Zeitgeist, die historischen und gesellschaftlichen Bedingungen wirken sich auf die Theologie und die religiöse Praxis aus. Viele zeitgenössische christliche Theologen und gläubige Christen in der Bundesrepublik lehnen die körperliche Züchtigung von Kindern ab.

Rechtslage

Die Zeiten ändern sich. Das Schlagen von Kindern findet im geltenden Recht heute keine gesetzliche Rechtfertigung mehr und kann auch nicht mit einer solchen Tradition begründet werden. Im kaiserlichen Deutschen Reich gab es ein gesetzlich legitimiertes Züchtigungsrecht des Vaters gegenüber seinen Kindern. Dieses Züchtigungsrecht bestand bis 1958 in Deutschland fort. Auch in der Schule durften Lehrer aus erzieherischen Gründen Hand anlegen. Das alleinige familiäre Züchtigungsrecht des Vaters wurde dann aus Gründen der Gleichbehandlung auf beide Elternteile übertragen. So galt die körperliche Züchtigung auch noch nach 1958 als ein Rechtfertigungsgrund für eine Körperverletzung, wenn ein konkretes Fehlverhalten des Kindes vorlag, die Züchtigung zur Erreichung des Erziehungszieles erforderlich bzw. angemessen war und der Täter (Vater oder Mutter) mit Erziehungswillen gehandelt hatte.

Heute gibt es keinen Rechtfertigungsgrund mehr, der eine Körperverletzung gegenüber dem Kind erlaubt. Im Rahmen der elterlichen Sorge schiebt der im Jahre 2000 neu gefasste § 1631 II BGB gewalttätigen und anderen entwürdigenden Erziehungsmethoden einen Riegel vor. Dies entspricht den Wertungen der UN-Kinderrechtskonvention, die Deutschland 1992 ratifizierte. In § 1631 II BGB heißt es: „Kinder haben ein Recht auf gewaltfreie Erziehung. Körperliche Bestrafungen, seelische Verletzungen und andere entwürdigende Maßnahmen sind unzulässig."

Wenn Eltern ihre Kinder schlagen, so stellt dies einen Missbrauch der elterlichen Sorge dar. Die Körperverletzung ist eine Straftat. Dies gilt natürlich auch für Lehrer.

Anmerkungen und Empfehlungen

Erfahrungen mit zum Teil schwer körperlich misshandelten Kindern gehören leider zu den prägenden Erlebnissen fast jedes Pädagogen. Vor allem die zusammen mit der Misshandlung erlittenen seelischen Qualen wirken tief und langfristig, weshalb es sich empfiehlt, weitere Helfer hinzuzuziehen. Insbesondere die Zerrissenheit des Kindes zwischen der Liebe zu den Eltern und der Angst vor Misshandlung erfordert besondere Sensibilität. Hilfe und Beratung bieten Jugendämter, Schulbehörden oder der Deutsche Kinderschutzbund e.V.

Insbesondere für die Psyche des Kindes ist die unmissverständliche Zuweisung der Schuld von zentraler Bedeutung. Kein Fehlverhalten, keine Provokation, keine Tradition oder Religion rechtfertigt die Misshandlung eines Menschen. Die Schuld ist also eindeutig dem schlagenden Erwachsenen zuzuweisen. In schweren Fällen sollte ein Entzug des Sorgerechtes angestrebt werden. Allerdings haben entsprechende Verfahren nur Aussicht auf Erfolg, wenn die betroffenen Kinder die Trennung von den Eltern wünschen und dies auch gegenüber einem Jugendrichter/Familienrichter bekräftigen.

Auch in leichten und mittelschweren Fällen sind schlagende Eltern darauf hinzuweisen, dass sie eine Straftat begehen. Die Betroffenen versuchen oftmals, ihre Gewalttätigkeiten durch Verweise auf eigene Kindheitserfahrungen oder auf religiöse und kulturelle Traditionen zu relativieren. Eine Verharmlosung, die auf keinen Fall akzeptiert werden kann. Aus sozialpädagogischen Erwägungen sollte der Gesprächsfaden nicht abgebrochen werden. Auch Therapien oder Familienhilfe lassen sich vermitteln. Gleichwohl gilt: Kinder sind volle Träger der Menschenwürde. Diese zu verletzen, erfüllt den Tatbestand einer Straftat.

57| Vgl. „Schläge im Namen des Herrn", nachzulesen unter: www.sueddeutsche.de, 2010
58| Der Hadith. Urkunde der islamischen Tradition, Band III, übersetzt von Adel Theodor Khoury, Gütersloh 2009, S. 342

25 »Ob unser Kind weiter zur Schule geht, bestimmen wir!«

Religiös-kultureller Hintergrund

Die Verweigerung der Bildung betrifft in der Regel Töchter aus bildungsfernen Schichten. Häufig wird eine traditionelle Rollenverteilung vertreten. (Vgl.: „Ob meine Frau weiter zur Schule geht, bestimme ich!")

Alternative Deutungen

Siehe hierzu den Beitrag „Ob meine Frau weiter zur Schule, geht bestimme ich!"

Rechtslage

Im Rahmen der in Deutschland bestehenden Schulpflicht können die Eltern nicht über die Frage bestimmen, ob ihr Kind und wie lange es zur Schule geht. Die Eltern sind zur Überwachung der Schulpflicht auf Grund der Schulgesetze der Länder gehalten. Kommen sie dieser Pflicht nicht nach, kann dies in Einzelfällen mit einem Bußgeld geahndet werden. Allerdings betrifft das nur die gesetzlich festgelegte Dauer der Schulpflicht von in der Regel neun und in einigen Bundesländern zehn Schulbesuchsjahren. Dennoch müssen die Eltern auch danach aus rechtlicher Sicht die Wünsche und Begabungen des Kindes bei der Wahl der Ausbildung berücksichtigen. Sollte das Kind weiter zur Schule gehen wollen und von der Begabung her auch können, so ist das von den Eltern zu fördern.

In § 1631a BGB heißt es: „In Angelegenheiten der Ausbildung und des Berufs nehmen die Eltern insbesondere auf Eignung und Neigung des Kindes Rücksicht.

Bestehen Zweifel, so soll der Rat eines Lehrers oder einer anderen geeigneten Person eingeholt werden."

Sollten die Eltern darauf keine Rücksicht nehmen und dadurch die Entwicklung und das Wohl des Kindes gefährdet sein, so kann sogar das Familiengericht (§ 1666 BGB) eingeschaltet werden.

Anmerkungen und Empfehlungen

Die ungenügende Bildung junger Frauen stellt eines der zentralen Probleme für Integration dar. In zahlreichen Studien wurde belegt, dass Kinder aus Migrantenfamilien in den „unteren" Bildungsgängen überrepräsentiert sind und nicht selten die Schule ohne Abschluss verlassen. Auch der Zugang zur gymnasialen Oberstufe ist vielen jungen Frauen versperrt. An Gesamtschulen wird dies besonders deutlich. Jahr für Jahr kehren zahlreiche Mädchen nach der zehnten Klasse nicht in die Schule zurück, obwohl sie eine Gymnasialempfehlung erhalten haben. Nicht selten erscheinen jedoch deren Brüder, obwohl diese die entsprechende Empfehlung nur mit Mühe oder nur auf Probe erhalten haben.

Neben den altbekannten und auch in der deutschen Gesellschaft hartnäckig nachwirkenden Zuordnungen („Kinder, Küche, Kirche") wirken in diesem Bereich vor allem männliche Minderwertigkeitskomplexe auf die Gesellschaft ein. Vor allem Väter, Brüder, und Ehemänner (vgl.: „Ob meine Frau zur Schule geht, bestimme ich!") ertragen es oftmals nicht, wenn ihre intellektuelle Ausbildung und ihr soziales Ansehen von weiblichen Familienmitgliedern übertroffen wird. Neben der sozialen Erwartungshaltung können auch finanzielle Aspekte als Druckmittel eingesetzt werden.

Ein sensibles Gespräch mit den Eltern der Betroffenen kann helfen, Vorbehalte aus dem Weg zu räumen. Finanziellen Sorgen lässt sich durch die Möglichkeit von Schüler-Bafög und Bafög begegnen. Wesentlich wichtiger ist aber die persönliche Begegnung mit den Eltern der Betroffenen. Insbesondere die Möglichkeit von Hausbesuchen sollte wahrgenommen werden, sobald diese sich bietet. Die ehrliche Bekundung von Respekt für Menschen, die ihren Kindern einen höheren Bildungsstand ermöglichen als sich selbst, vermag ungeahnte Türen zu öffnen. Zudem sind in fast jedem Jahrgang auch viele Migrantenfamilien zu finden, die schulischer Bildung sehr aufgeschlossen und ehrgeizig gegenüberstehen. Der Kontakt und Austausch zwischen den unterschiedlichen Familien hat in der Regel ebenfalls sehr positive Auswirkungen. In den letzten Jahren ist ein stetig steigender Anteil von Abiturientinnen und Studentinnen mit Migrationshintergrund zu verzeichnen. Eine hoffnungsvolle Entwicklung, die es verdient, gefördert und unterstützt zu werden.

26 »Unser Kind darf keine Gummibärchen essen!«

Religiös-kultureller Hintergrund

Muslime und Juden, die ihre gottoffenbarten Speisevorschriften ernst nehmen, sind dazu angehalten, keine Speisen zu essen, die nicht „rein" („**halal**" bzw. „**koscher**") sind. Dazu zählen auch Gummibärchen, die aus tierischer Gelatine hergestellt werden. (Vgl.: „Unser Kind darf kein Schweinefleisch essen!")

Alternative Deutungen

Es gestaltet sich schwierig, aus religiöser Perspektive ein alternatives Deutungsmuster anzubieten.

Rechtslage

Das Verbot, Gummibärchen zu essen, und die Pflicht, „erlaubtes" („halal" bzw. „koscheres") Essen zu verzehren, entspringt einer religiös-kulturellen Pflicht insbesondere der Muslime und Juden. Die Erziehungsberechtigten können im Rahmen der Ausübung ihrer elterlichen Sorge auf die Einhaltung dieser Werte bestehen. Dies entspricht dem grundrechtlich geschützten Recht der Eltern auf Erziehung (Art. 6 GG), das sich gegenüber ihren Kindern in der Personenrechtssorge (§ 1626 BGB) manifestiert, sowie der Religionsfreiheit (Art. 4 GG). Die Schule hat die religiösen Werte der Familie zu berücksichtigen, solange die Grenzen der elterlichen Sorge nicht überschritten werden (§ 1631 BGB).

Das sich entwickelnde Selbstbestimmungsrecht des Jugendlichen erlaubt diesem mit zunehmendem Alter, selbst zu bestimmen, was richtig für ihn ist. Bei Kindern und Jugendlichen besteht das Selbstbestimmungsrecht unabhängig von den Eltern je nach Entwicklungsstand und Kontext.
Spätestens ab Religionsmündigkeit mit 14 Jahren (siehe Info zu Art. 4 GG) entscheidet der Jugendliche allein über seinen Glauben und die damit verbundenen Handlungen. Das bedeutet, dass die Eltern ihr Kind nicht zur Ausübung der von ihnen gewünschten religiösen Handlungen verpflichten können. Das betrifft auch die religiös bedingte Pflicht, bestimmte Lebensmittel zu meiden.

Anmerkungen und Empfehlungen

Da Gummibärchen zu den beliebten Belohnungen bei Spielen, Kindergeburtstagen und ähnlichem zählen, ist Achtsamkeit geboten. Allerdings dürfte das Verbot von Gummibärchen einen erträglichen Leidensdruck darstellen, da leicht auf andere Süßigkeiten ausgewichen werden kann.

Organisation von Schule

27 »Unser Kind muss während des Schultages beten können!«

Religiös-kultureller Hintergrund

Dass das Gebet im Islam nicht zu verschieben oder zusammenzulegen sei, wird im zeitgenössischen Islam von konservativen Traditionalisten und Fundamentalisten wie den **Salafisten** vertreten. Diese fordern die Einhaltung der **Scharia** und kritisieren, dass materialistisches und weltliches Streben Vorrang vor den religiösen Pflichten habe.
Salafisten erkennen die islamische Tradition nicht an und orientieren sich, nach eigenen Angaben, ausschließlich am **Koran** und der Tradition des **Propheten Muhammad**. D.h. die gelebten Sitten des Propheten Muhammad sind bis ins genaueste Detail zu befolgen.

Im Islam gibt es drei Formen des Gebets: das Bittgebet (Du'a), das Dankgebet (Dhikr) und das rituelle Gebet (Salat).
Das rituelle Gebet ist von zentraler Bedeutung im Islam. Es ist nach dem Glaubensbekenntnis die zweite Säule des Islam. Hierüber herrscht unter Muslimen eine große überkonfessionelle Einigkeit. Das rituelle Gebet ist für jeden gläubigen Muslim eine Pflicht. Pflichtgebete können alleine und an jedem sauberen Ort vollzogen werden. Sind mehrere Muslime zusammen, soll gemeinsam gebetet werden.[59] Männliche Muslime sind verpflichtet, das Freitagmittagsgebet gemeinsam in der Moschee abzuhalten. Der Koran gibt keine Auskunft über die Anzahl und die Zeiten der rituellen Pflichtgebete. In Sure 4:103 heißt es lediglich: „[...] Das Gebet ist für die Gläubigen eine für bestimmte Zeiten festgesetzte Vorschrift." Die Anzahl der Pflichtgebete und die Gebetszeiten sind auf die **Sunna** des Propheten Muhammad zurückzuführen. Aus der Sunna des Propheten, die in den **Ahadith** gesammelt sind, wurden fünf Pflichtgebete am Tag ermittelt und von islamischen Rechtsgelehrten festgelegt. Auch die Gebetszeiten leiten sich aus der Sunna ab, die sich nach dem Sonnenstand richten. Um jegliche Nähe zur Sonnenanbetung zu vermeiden, wurden folgende Zeiten festgelegt:

- Morgengebet → vor Morgengrauen
- Mittagsgebet → nachdem die Sonne im Zenit stand
- Nachmittagsgebet → zur Hälfte des Nachmittags

- Abendgebet → direkt nach Einbruch der Dämmerung
- Nachtgebet → nach Einbruch der Dunkelheit[60]

Die Gebetszeiten verschieben sich nahezu täglich um etwa eine Minute und sind lokal unterschiedlich.

Die Einhaltung der Gebetszeiten ist nach **sunnitischer Lehre** eine Pflicht für jeden gläubigen Muslim. Sonderregelungen gibt es für Muslime, die unter geistigen und körperlichen Einschränkungen zu leiden haben. Zudem hat die Mehrheit der Korankommentatoren Sure 4:101 so ausgelegt, dass Muslime, die sich auf Reisen befinden oder angegriffen werden, das Gebet verkürzen oder zusammenlegen dürfen. Weitere Ausnahmen sind nicht vorgesehen. Stellvertretend für diese Mehrheitsposition wird hier Murad Hofmanns Argumentation dargestellt: Der produktivste Abschnitt des Tages ist von Sonnenaufgang bis zum Höchststand der Sonne. In dieser Zeit können sich Muslime ohne Unterbrechung ihrer Arbeit oder Studium widmen. Da die Einhaltung der Pflichtgebete existenziell für die islamische Identität eines Muslims ist und die Gebetszeiten nicht mit den Kernarbeitszeiten kollidieren, gibt es keinen Grund, Gebete zusammenzulegen oder zu verschieben.[61]

Alternative Deutungen

In der Sunna finden sich Belege, die Argumente für ein Zusammenlegen von rituellen Gebeten liefern. In einer Überlieferung, die von muslimischen Traditionsgelehrten als authentisch erachtet wird und in mehreren Varianten überliefert ist, berichtet Ibn Abbas, ein Cousin des Propheten und ein bedeutender Gewährsmann, dass der Prophet Muhammad das Mittagsgebet, das Nachmittagsgebet und das Abendgebet zusammengelegt hat, obwohl er sich weder auf Reisen befand noch einen Angriff zu befürchten hatte. In einem Hadith begründet Ibn Abbas die Praxis des Propheten, die von Muslimen als von der Norm abweichend wahrgenommen wurde, mit der knappen und auch in mehreren anderen Kontexten auftauchenden Antwort: „ [...] Damit die Gemeinschaft der Muslime nicht unnötigen Härten ausgesetzt ist."[62]

Nehmen wir Murad Hofmanns Argument noch einmal genauer in den Blick: Hofmann behauptet, dass das Zusammenlegen oder Verschieben von Gebeten

nicht notwendig sei, weil der aktivste Teil des Tages von Sonnenaufgang bis nach dem Höchststand der Sonne ist. In dieser Zeit können sich Muslime ohne Unterbrechung ihrer Arbeit, der Schule oder dem Studium widmen.
Betrachten wir dann z.B. die Gebetszeiten für das Morgen- und das Mittagsgebet für Berlin und wählen hierfür zwei gewöhnliche Schul- und Arbeitstage: einen im Frühsommer (7. Juni 2012) und einen im Winter (12. Dezember 2012). Am 7. Juni ist das Morgengebet in der Zeit zwischen 2:35 Uhr und 4:43 Uhr und das Mittagsgebet um 13:05 Uhr zu absolvieren. Zwischen 4:43 Uhr und 13:05 Uhr liegen acht Stunden und 22 Minuten. Für die meisten muslimischen Arbeiter und Angestellten dürften die Gebetszeiten sicherlich einzuhalten zu sein.
Das Mittagsgebet könnte in der Mittagspause absolviert werden. Auch ein Oberstufenschüler könnte sich damit arrangieren, sein Gebet nach der sechsten Schulstunde zu absolvieren, und eine kurze Verspätung mit seinem Gewissen vereinbaren.
Schwieriger ist es, am 12. Dezember die Gebetszeiten mit den Aufgaben eines Arbeitnehmers oder eines Schülers in Einklang zu bringen. Hier müsste das Morgengebet zwischen 6:12 Uhr und 8:06 Uhr und das Mittagsgebet um 12:00 Uhr absolviert werden. Es liegen nur drei Stunden und 54 Minuten zwischen den beiden Gebetszeiten, zudem wäre das Nachmittagsgebet bereits um 13:37 zu absolvieren. Da in Mittel- und Nordeuropa die Tage im Winter sehr kurz und die Nächte sehr lang sind, ist die Taktung der Gebete tagsüber sehr kurz. Für viele Arbeitnehmer und Schüler wäre ein Zusammenlegen der Gebete eine Erleichterung. Solch einen Anpassungsbedarf sah auch das European Council for FATWA and Research (ECFR), eine Organisation islamischer Gelehrter, die sich um die Bewahrung der islamischer Tradition unter den muslimischen Bürgern in Europa bemüht. Im ECFR engagieren sich hochrangige islamische Rechtsgelehrte aller islamischen Rechtstraditionen. In einem Rechtsgutachten von 1999 bestätigte das ECFR die Möglichkeit, das Mittags- und Nachmittagsgebet im Winter und das Abend- und Nachtgebet im Sommer zusammenzulegen. Die Begründung basiert auf der oben zitierten Überlieferung Ibn Abbas.

Abschließend bleibt festzuhalten, dass muslimische Gemeinschaften immer wieder vor die Aufgabe gestellt sind, ihre religiösen Traditionen, wie die Pflichtgebete, mit dem kulturellen Umfeld und regionalen Besonderheiten in Einklang zu bringen.

Rechtslage

Das öffentliche rituelle Beten in der Schule lenkt den Blick auf verschiedene kollidierende Grundrechte der Beteiligten. Zum einen hat der Schüler, der ein Gebet ausüben möchte, selbst ein grundrechtlich geschütztes Recht auf Religionsfreiheit (vgl. Info zu Art. 4 GG). Dazu gehört auch die Ausübung der mit der Religion verbundenen Rituale wie die Pflichtgebete der Muslime. Gleiches gilt für die Eltern, die bis zur Religionsmündigkeit ihres Kindes die Religion für ihren Nachwuchs bestimmen dürfen (Art. 6 GG).
Gleichzeitig berührt das öffentliche Beten in der Schule die Religionsfreiheit anderer Schüler. Zu der grundrechtlich geschützten Religionsfreiheit zählt nämlich auch, dass man nicht mit der Religion(-sausübung) anderer unausweichlich behelligt wird. Da eine Schulpflicht besteht und die anderen Schüler somit unweigerlich mit dem öffentlichen Gebet konfrontiert werden, stellt sich die Frage, inwieweit die Schule die Religionsausübung dulden bzw. andere Schüler davor schützen muss, z.B. durch Zurverfügungstellen geeigneter Gebetsräume, um sämtliche Grundrechte der Beteiligten in Einklang zu bringen.

An dieser Stelle muss auf die Funktion der Institution Schule als staatliche Einrichtung (Anstalt des öffentlichen Rechts) hingewiesen werden. Aus Art. 7 GG wird die Pflicht des Staates zur religiösen Neutralität hergeleitet. Demzufolge hat die Schule vom Grundprinzip dafür Sorge zu tragen, dass ihre Schüler seitens der Schule nicht mit religiösen Handlungen konfrontiert werden, die sie beeinflussen (vgl. dazu auch Info zu Kruzifixentscheidung, Kopftuchentscheidung und Art. 7 GG). Bei dem rituellen muslimischen Gebet ist die Schule zwangsläufig mittelbar eingebunden, egal ob sie das Gebet zulässt oder auch untersagt.
Zwar ist die Schule kein „religionsfreier Raum", die Pflicht zur Neutralität untersagt jedoch die Privilegierung bestimmter Religionen oder den Ausschluss Andersgläubiger.[63] Mit anderen Worten: Gibt die Schule für das muslimische Mittagsgebet Platz zur Ausübung, etwa durch Überlassung eines Gebetsraumes, muss sie die Ausübung der Religion auch für Andersgläubige gewährleisten, um nicht in den Verdacht der Privilegierung bestimmter Glaubensrichtungen zu kommen.

Gleichzeitig hat die Schule den Schulfrieden zu wahren, der sich auf den aus Art. 7 I GG herzuleitenden Erziehungs- und Unterrichtsauftrag stützt. Gerade wenn zahlreiche verschiedene Religionen aufeinanderstoßen, kann dies zu erheblichen Konflikten im Schulalltag führen, wenn alle Gläubigen ihrer jeweiligen Religionspraxis nachgehen.

Daher muss in dieser rechtlichen Konstellation gefragt werden, ob die Schule das öffentliche Beten zulassen darf und muss, ohne dabei gegen ihre religiöse Neutralitätspflicht zu verstoßen. Denn die Schule repräsentiert in ihrer Funktion den Staat. Schulisches Handeln ist staatliches Handeln. Die vom Prinzip zweifellos grundrechtlich geschützte Religionsausübung des betenden Schülers greift hier unweigerlich in Schutzbereiche anderer Grundrechtsträger ein, nämlich in die der übrigen, nicht- oder andersgläubigen Schüler. Die Schule steht daher in einem fast unlösbaren Konflikt, ein für jedermann sichtbares öffentliches Gebet zu respektieren und zuzulassen, gleichzeitig dadurch in den Schutzbereich anderer Schüler einzugreifen (Religionsfreiheit) und damit gegebenenfalls gegen ihre Neutralitätspflicht in Glaubensfragen zu verstoßen.

Diesen Konflikt hatte im Jahr 2010 das Oberverwaltungsgericht Berlin zu entscheiden (vgl. Anmerkungen und Empfehlungen), mit dem Ergebnis, dass dem klagenden muslimischen Schüler das islamische Mittagsgebet während der Schulpause auf dem Schulgelände mit dem Verweis auf den Schulfrieden untersagt werden kann. Zwar sei die Gebetsverrichtung des Schülers vom Schutzbereich der Religionsfreiheit gedeckt, allerdings sei eine Einschränkung zum Schutz anderer Verfassungsgüter – nämlich die der anderen Schüler – gerechtfertigt, so das Oberverwaltungsgericht.[64] Zudem sei die Schule nicht verpflichtet, für das Gebet einen Raum zur Verfügung zu stellen. Allerdings darf die Schule wiederum das Beten auch nicht grundsätzlich verbieten.

Das Bundesverwaltungsgericht hat am 30. November 2011 die Entscheidung des Oberverwaltungsgerichts bestätigt und auch klargestellt, dass allein in der Duldung der Verrichtung eines islamischen Gebets keine einseitige Bevorzugung des islamischen Glaubens oder eine Beeinflussung anderer im Sinne dieses Glaubens liege, die die staatliche Neutralität in Frage stellen könnte. Das verfassungsrechtliche Gebot religiöser Neutralität des Staates verlange keine Schule, die von jeglichen religiösen Bezügen freigehalten werde. Die Schule sei vielmehr gehalten, die weltanschaulichen und religiösen Zusammenhänge unter Berücksichtigung der gesellschaftlichen Realitäten zu vermitteln, ohne sie in die eine oder andere Richtung einseitig zu bewerten.[65]

Anmerkungen und Empfehlungen

Von Forderungen seitens der Schüler bzw. deren Eltern für das Beten auch in der Schule wurden aus Berlin, Dortmund und Hamburg berichtet.

In Berlin kam es zum juristischen Präzedenzfall. Im November 2007 hatten acht muslimische Gymnasiasten während der Pause damit begonnen, in einem Flur des Schulgebäudes rituelle Gebete zu sprechen. Dies wurde von der Schulleitung unter Hinweis auf die konfessionelle Neutralität der Schule untersagt. Der Vater eines der Jungen, ein zum Islam konvertierter Deutscher, reichte daraufhin Klage ein. Nachdem zunächst das Verwaltungsgericht Berlin am 29. September 2009 dem Kläger das Recht auf Gebetspraxis in der Schule, aber außerhalb der Unterrichtszeit zusprach, wurde dieses Urteil durch das Oberverwaltungsgericht Berlin am 27. Mai 2010 wieder verworfen. Die Klage wurde also abgewiesen, ohne Gebetspraxis in der Schule prinzipiell zu untersagen.[66] Die Entscheidung des Oberverwaltungsgerichts wurde am 30. November 2011 vom Bundesverwaltungsgericht bestätigt.
Die Gerichte stellten klar, dass in dieser Frage elementare Verfassungsgrundsätze berührt werden. Hier ist zunächst die durch Art. 4 GG garantierte Religionsfreiheit zu nennen. Zu dieser gehört das Recht auf ungestörte Religionsausübung (Art. 4 II GG). Allerdings schützt Art. 4 GG auch die „negative Religionsausübung", weshalb niemand zur Ausübung von oder zur Konfrontation mit Religion genötigt werden darf. Weiterhin ist das Erziehungsrecht betroffen. Art. 6 GG räumt den Eltern das Recht ein, ihren Kindern Überzeugungen in Glaubens- und Weltanschauungsfragen zu vermitteln. Allerdings muss auch hier bedacht werden, dass religiöse Erziehungsziele und der Wunsch nach religionsfreier Erziehung gleichberechtigt sind.

Da eine einvernehmliche Lösung zwischen diesen Interessen nicht möglich ist, stützte das Oberverwaltungsgericht sein Urteil auf das Gebot des Schulfriedens. Zwar habe niemand das Recht, prinzipiell von jeder Konfrontation mit religiösen Riten verschont zu bleiben, es müsse aber Ausweichmöglichkeiten geben, die während der Schulpflicht nicht gegeben seien. In der beklagten Schule waren Schüler aus 29 Nationen sowie sämtliche Weltreligionen vertreten. Das Christentum war mit fünf Glaubensrichtungen vertreten. Die muslimische Schülerschaft war in **Sunniten**, **Schiiten** und **Aleviten** unterteilt. Die gleichberechtigte Befriedigung aller religiösen Neigungen erschien dem Gericht unmöglich. Hinzu

kam, dass der Gutachter des Oberverwaltungsgericht, Prof. Dr. Nagel, zwischen dem individuellen Gebet des muslimischen Gläubigen und dem obligatorischen, rituellen Pflichtgebot der Muslime unterschied. Dieses rituelle Gebet war Anliegen des Klägers. Nach Aussage des Gutachters hat dieses Gebet werbenden Charakter, weshalb zumindest muslimische Mitschüler automatisch zur Beteiligung aufgefordert werden würden. Das Neutralitätsgebot der Schule wäre somit verletzt. Darüber hinaus könne das Mittagsgebet zusammen mit dem Nachmittagsgebet nachgeholt werden.
Rituelle Gebete in der Schule sind somit nicht generell verboten, können von der Schulleitung aber jederzeit mit Hinweis auf die Schulordnung oder den Schulfrieden untersagt werden.

Die zugewiesene Entscheidungshoheit stellt für die Schulen eine Herausforderung dar. Entscheidende Kriterien, sich für oder gegen eine Gebetspraxis zu entscheiden, sind der Schulfrieden und die weltanschauliche Neutralität der Schule, nicht die organisatorische Machbarkeit.

Zum Tagesablauf nahezu aller Schulen zählen große Pausen, in denen ein Gebet ohne Eile verrichtet werden kann. Da zur Verrichtung des Gebetes in der Regel nur ein Teppich auszubreiten ist, sind geeignete Räume während der Pause in der Regel schnell zu finden. Aus Gründen der Aufsichtspflicht und des Feuerschutzes sind Räume im Erdgeschoss am besten geeignet. Selbstverständlich darf nicht mit zweierlei Maß gemessen werden. Die stille und dankbare Nutzung, etwa durch einen tibetischen Buddhisten, würde wahrscheinlich wenig Widerstand erzeugen. Es ist aber nicht nur die Schule, die sich fragen lassen muss, ob sie dem Grundsatz der Gleichbehandlung gerecht wird. Auch die Religionsgemeinschaften müssen überlegen, ob ihre angestrebte Gebetspraxis nicht doch einen werbenden oder demonstrativen Charakter besitzt und somit den Schulfrieden gefährdet.

Aus pädagogischer Sicht ist es sinnvoll, darauf hinzuweisen, dass die Gebetspraxis im Spannungsverhältnis zwischen der negativen und positiven Religionsfreiheit sowie dem Schulfrieden steht und daher unter Abwägung der widerstreitenden Interessen zu Gunsten des Schulfriedens entschieden werden darf. Für den Fall akzeptierter Gebetspraxis ist es daher ebenso legitim wie geschickt, klare Bedingungen zu definieren und deren Verletzung durch Entzug der Privilegien zu ahnden. Beispielsweise ist das Privileg, in der Schule beten zu dürfen, umgehend zurückzunehmen, wenn andere Schüler zur aktiven Teilnahme aufgefordert werden. Sobald junge Menschen innerhalb oder außerhalb der Schule dazu genötigt werden, an den Gebeten während der Schulzeit teilzunehmen und/oder entsprechende Räume zu nutzen, ist die Gebetspraxis umgehend zu beenden und sind die Räume anderen Nutzungen zuzuführen.

59| Vgl. Halm, Heinz: Der Islam. Geschichte und Gegenwart, München 2007⁷, S. 62
60| Vgl. Schimmel, Annemarie: Das islamische Jahr. Zeiten und Feste, München 2002², S. 13
61| Vgl. Hofmann, Murad: Islam, München 2008, S. 39ff.
62| Vgl. Muslim Ibn al-Hajjaj, Abu Husain: Sahih Muslim. Kitab al-Salat (Das Buch zum Gebet), Hadith Nr. 1516. Die englische Übersetzung ist online einzusehen unter: www.searchtruth.com/hadith_books.php
63| Vgl. BVerfG Urteil vom 24.9.2003, 2 BvR 1436/02
64| Vgl. Urteil vom 27.5.2010. Az.: OVG 3 B 29.09
65| Vgl. Bundesverwaltungsgericht 30.11.2011 – 6 C 20.10
66| Vgl. Urteil vom 29.9.2009. Az.: VG A 284.07 und Urteil vom 27.5.2010. Az.: OVG 3 B 29.09

28 »Unser Kind darf an keinen religiösen Festen anderer Kulturen teilnehmen!«

Religiös-kultureller Hintergrund

Diese Forderung könnte von allen Religionsgemeinschaften vorgetragen werden.

Im Islam werden solche Forderungen in der Regel nur von konservativen und puritanischen Muslimen[67] an die Mitglieder der eigenen Gemeinde gestellt. Insbesondere von Seiten des **Salafismus** wird diese Forderung häufig vertreten. Von Seiten des islamischen Traditionalismus, wie er von der al-Azhar Universität in Kairo oder auch dem Zentralrat der Muslime in Deutschland vertreten wird, wird eine solche Forderung nicht gestellt, da Christentum und Judentum Teile der eigenen Kulturgeschichte darstellen.

Der **Koran** bestätigt, dass **Thora** und **Evangelium** zu den Offenbarungsschriften gehören, und fordert die Muslime explizit dazu auf, diese anzuerkennen: „O ihr, die ihr glaubt, glaubt an Gott und seinen Gesandten, [...] und das Buch, das Er zuvor herabgesandt hat. Wer Gott verleugnet, und seine Engel, seine Bücher, seine Gesandten und den jüngsten Tag, der ist weit abgeirrt." (Sure 4:136)

Gleich dem Islam erkennen das Christentum und Judentum die Allmacht und Allwissenheit Gottes an. Gott ist in den drei Offenbarungsschriften das vollkommene Wesen und der allmächtige Schöpfer der Welt und der Menschen.
Gemein ist auch der Glaube, dass Gott sich den Menschen offenbarte und dass es eine Auferstehung nach dem Tod gibt.
Andererseits betont der Koran, dass die Lehren vom Heiligen Geist, der heiligen Kirche und die Lehre der Gottessohnschaft nicht mit dem Islam vereinbar sind. Aus diesem Grund lehnen Salafisten es ab, Christen und Juden zu ihren Festen zu gratulieren oder an deren Festen teilzunehmen.

Alternative Deutungen

Demgegenüber lässt sich argumentieren, dass es im Islam keine Vorschrift gibt, die es untersagt, an nicht-islamischen Festen teilzuhaben. Im Koran heißt es: „Gott verbietet euch nicht, denen, die nicht gegen euch der Religion wegen gekämpft und euch nicht aus euren Wohnstätten vertrieben haben, Pietät zu zeigen und Gerechtigkeit angedeihen zu lassen. Gott liebt ja die, die gerecht handeln." (Sure 60:8)
Khoury übersetzt in diesem Vers das arabische Verb „tabbara" mit „Pietät zeigen". Diese Formulierung kann als Aufforderung zum respektvollen Umgang miteinander verstanden werden. Dies entspricht auch der Position des Zentralrats der Muslime in Deutschland: „Zum guten Umgang gehört [...], dass man seine christlichen, jüdischen und andersgläubigen Mitbürger zu ihren Festen beglückwünscht und sich mit ihnen freut. Ihre heiligen Feste müssen respektiert werden! Der **Prophet Muhammad** ließ z.B. die Christen in Medina ihre religiösen Feste und Zeremonien abhalten. Auch wir müssen diesen Respekt und guten Umgang mit Andersgläubigen pflegen."[68]

Rechtslage

Eltern dürfen im Rahmen ihres Personensorgerechts nach ihrem Dafürhalten ihre Kinder erziehen, solange sie die elterliche Sorge nicht missbrauchen. Zum Erziehungsrecht gehört auch das Recht, zu bestimmen, ob das Kind an religiösen Festen Andersgläubiger teilnehmen darf. Gerade die religiöse Erziehung obliegt den Eltern. Ihr Begehren können und dürfen die Eltern auch gegenüber der

Schule durchsetzen (Art. 6 GG). Das Grundgesetz schützt die Religionsfreiheit explizit gegenüber Eingriffen durch die Schule (Art 7 II GG, siehe auch Info). Dies betrifft konkret den Religionsunterricht. Aber auch bei von der Schule veranstalteten Festen ist die Religionsfreiheit der teilnehmenden Kinder und Jugendlichen ein zu beachtendes Gebot. Das bedeutet, dass die Schule auf den Wunsch der Eltern Rücksicht zu nehmen hat. Ein Widersetzen seitens der Schule kann sogar deren Verpflichtung zur religiös-weltanschaulichen Neutralität verletzen (vgl. Info zu Art. 7 GG).

Nach Vollendung des 14. Lebensjahres mit der Religionsmündigkeit (vgl. Info zu Art. 4 GG) steht dem Jugendlichen die Entscheidung selbst zu, ob und welcher Religion er nachgehen will. Das bedeutet, dass die Eltern ihr Kind nicht zu einem Glauben und zur Ausübung der von ihnen gewünschten Religion zwingen können. Auch die Schule darf und muss den Wunsch des Schülers (auch gegen den der Eltern) berücksichtigen. Diese Konstellation wird aber eher die Ausnahme sein.

Anmerkungen und Empfehlungen

Forderungen wie „Unser Kind nimmt nicht an der Weihnachtsfeier der Schule teil!" stellen Schulen und deren Bemühen um multikulturelle Toleranz vor ein elementares Problem. Auf der einen Seite schützen die Art. 4 und Art. 6 GG die individuelle Religionspraxis, die negative Religionsfreiheit, d.h. das Recht, sich in freier Selbstbestimmung nicht zu einem Glauben zu bekennen, sich nicht an kirchlichen oder religiösen Praktiken zu beteiligen, sowie das Erziehungsrecht der Eltern in religiösen Fragen. Niemand darf also zu rituellen Handlungen genötigt werden, und jede religiöse Erziehung junger Menschen bedarf der elterlichen Zustimmung. Auf der anderen Seite steht Schule in einem kulturellen Kontext und verfolgt das Erziehungsziel multikultureller Toleranz. An den meisten europäischen Schulen sind Weihnachtsfeiern ein fester Bestandteil des Schuljahres. Diese zu streichen oder nur in Abwesenheit nichtchristlicher Mitschüler zu feiern, dürfte als Verarmung des Schullebens empfunden werden. Mit Blick auf die multikulturelle Zusammensetzung vieler Schulen ist man vielerorts dazu übergegangen, auch muslimische Feierlichkeiten wie das Zuckerfest in das Schuljahr zu integrieren. Gleichwohl begründet eine Tradition keine Norm. Nur weil etwas schon lange so ist, bedeutet dies nicht, dass es auch so sein sollte.

Niemand darf durch die Schulpflicht zur Teilnahme an religiösen Handlungen gezwungen werden.

Auf Seiten der Schule ist es daher entscheidend, das eigentliche Ziel der Veranstaltung zu vermitteln. Von zentraler Bedeutung ist es, durch Informationsabende oder Elternbriefe zu verdeutlichen, dass es sich bei solchen Feiern nicht um religiöse Unterweisungen handelt. So können z.B. schulische Weihnachtsfeiern als ein Beitrag zur religionskundlichen Bildung und zur multikulturellen Toleranz verstanden werden. Beides sind ebenso legitime wie verbindliche Lernziele aller Bundesländer. Zudem hat es sich als hilfreich erwiesen, auf die oftmals rein kulturellen Wurzeln vieler Rituale zu verweisen. Viele muslimische Eltern etwa stören sich nicht daran, dass ihre Kinder unter einem Tannenbaum feiern oder Ostereier suchen, sobald verstanden wurde, dass dies keine sakralen Handlungen, sondern Traditionen heidnischen Ursprungs sind. Nur wenige Eltern lehnen jede soziale Begegnung mit Religionen im Rahmen von Schule kategorisch ab. In der Regel handelt es sich um sehr strenggläubige Vertreter einer spezifischen Religionsausprägung oder ebenso strenge Atheisten. Nach einem entsprechenden Antrag dieser Elterngruppen sind deren Kinder von entsprechenden Festen freizustellen. Der Hintergrund für diese Regelung ist simpel: Der Nachweis, dass die entsprechenden Feste jeder religiösen Erfahrung entbehren, kann nicht geleistet werden. Einige Schule sind bereits dazu übergegangen, nicht mehr von „Weihnachtsfeiern“, sondern von „Jahresabschlussfeiern“ zu sprechen.

67| Konservative und puritanische Bewegungen im Islam sind Strömungen, die sich für die Säuberung des Islam von als nichtislamisch wahrgenommenen Elementen engagieren und die islamischen Verhaltensregeln im Alltag durchzusetzen versuchen.
68| Zentralrat der Muslime: http://islam.de/1641.php#juc/feste.html

29 »Unser Kind darf während des Ramadan keine Arbeiten schreiben, da es in seiner Konzentration beeinträchtigt ist!«

Religiös-kultureller Hintergrund

Zu den religiösen und kulturellen Grundlagen siehe „Unser Kind hat während des Ramadan das Fasten einzuhalten!".

Alternative Deutungen

Das Fasten im Monat **Ramadan** ist eine religiöse Vorschrift und keine rechtliche Norm. Als religiöse Vorschriften sind in erster Linie die **Fünf Säulen** des Islam zu verstehen: das Glaubensbekenntnis, das Gebet, die Almosengabe, das Fasten und die Pilgerfahrt. Diese religiösen Vorschriften betreffen das Verhältnis zwischen dem Individuum und Gott. Wäre das Fasten eine rechtliche Norm, hätten Muslime aus Sicht des islamischen Rechts außerhalb eines islamischen Herrschaftsgebiets auch keinen Anspruch auf Durchsetzung des Gebotes.[69] Denn nach islamischer Rechtsauffassung haben Muslime sich an das geltende Recht des Aufenthaltsortes zu halten.

Rechtslage

Das Fasten kann tatsächlich zu erheblichen Beeinträchtigungen der Leistungs- und Konzentrationsfähigkeit führen. Ein Rechtsanspruch auf Befreiung vom Unterricht, insbesondere für eine Klassenarbeit, besteht aber nicht, es sei denn, das Kind ist ernsthaft krankheitsbedingt beeinträchtigt. Die Grenzen dürften hier fließend sein.
Das Fernbleiben vom Unterricht bedarf einer rechtlich zulässigen Entschuldigung, da die minderjährigen Kinder auf Grund der Schulpflicht zur Teilnahme am Unterricht verpflichtet sind. Die Eltern sind zur Überwachung der Schulpflicht per Schulgesetze der Länder gehalten. Kommen sie dieser Pflicht nicht nach, kann dies in Einzelfällen mit einem Bußgeld geahndet werden.

Nur wenn ein Schüler aus zwingenden Gründen (wie Krankheit) verhindert ist, dürfen die Eltern ihr Kind unter Angabe des Grundes und der voraussichtlichen Dauer der Verhinderung vom Unterricht abmelden.

Bei der Frage nach der Unterrichtsbefreiung wegen des Ramadan verhält es sich rechtlich ähnlich wie bei dem Thema „Unser Kind wird am Montag nach seiner Konfirmation der Schule fernbleiben, um sich (seinen Rausch) auszuschlafen!" (siehe auch dort).

Die Eltern tragen dadurch, dass sie das Fasten des Kindes zulassen, zur Leistungs- und Konzentrationsminderung des Kindes bei (obwohl das Fasten für Schüler, jedenfalls bis zur Pubertät, nicht einmal vom islamischen Glauben erwartet wird). Obwohl die Eltern damit selbst für den Leistungsausfall des Kindes verantwortlich sind, entschuldigen sie es auch noch für das Fernbleiben vom Unterricht. Sicherlich hat der Nahrungs- und vor allem Flüssigkeitsentzug in einigen Fällen Krankheitswert und wird daher eine Entschuldigung rechtfertigen. Verantwortliches Handeln stellt das Zulassen des Fastens während der Schulzeit allerdings seitens der Eltern nicht dar. Dennoch, rechtlich wird dagegen nichts zu machen sein. Eine Grenze wäre allenfalls erreicht, wenn die Eltern ihr Kind zum Fasten zwingen (§ 1631 BGB).
Eine (Aufsichts-)Pflicht zum Einschreiten seitens der Schule besteht, soweit tatsächlich ernsthafte gesundheitliche Probleme bei dem betroffenen Schüler auftreten.

Anmerkungen und Empfehlungen

Reduzierte Flüssigkeitsaufnahme, aber auch ein sinkender Blutzuckerspiegel haben nachweislich Auswirkungen auf das Konzentrationsvermögen. Gleichwohl ist die Forderung nach einem Ausbleiben von Leistungsüberprüfungen während der Fastenperioden aus pragmatischen und prinzipiellen Überlegungen zurückzuweisen.
Aus pragmatischen Gesichtspunkten spricht dagagen, dass nahezu kein Zeitraum für Leistungsüberprüfung in Frage käme, sofern man – dem Gebot der Gleichbehandlung folgend – die Fastenzeiten aller Weltreligionen berücksichtigen würde. Allein für den Fall, dass die christliche Fastenzeit und der muslimische Ramadan hintereinander lägen, ergäbe sich hieraus eine prüfungsfreie Zeit

von acht bis neun Wochen. Ein Zustand, der mit den ohnehin immer enger gestaffelten Schul- und Lehrplänen nicht vereinbar ist. Im Fall des Ramadan kommt erschwerend hinzu, dass dieser nach dem Mondkalender errechnet wird und somit in jedem Schuljahr aufs Neue einzuplanen wäre. Zu einer Überschneidung mit den bundesweiten zentralen Abschluss- und Abiturprüfungen kommt es in regelmäßigen Zyklen.
Aus prinzipieller Sicht ist zu argumentieren, dass Schule ein bekenntnisfreier Ort ist. Das Schulsystem der Bundesrepublik Deutschland ist Ausdruck eines säkularen Staatsverständnisses. Niemand darf auf Grund seiner religiösen oder kulturellen Orientierung diskriminiert werden. Gleichzeitig kann jedoch auch nicht verlangt werden, dass die privaten Lebensbedürfnisse zum Organisationsprinzip der Mehrheit erhoben werden.

Im konkreten Einzelfall kann jede Lehrkraft einen offensichtlich geschwächten Schüler als „krank" bezeichnen und von einer Leistungsüberprüfung ausschließen. Diese ist dann aber lediglich aufgeschoben und nicht aufgehoben. Dies könnte im Extremfall zu enormen Anhäufungen von Nachschreibeterminen bis hin zum verspäteten Bestehen des Abiturs und verschlechterten Bewerbungschancen führen. Im Interesse des Schülers sollte daher das Gespräch mit den Eltern gesucht werden. Erzwingen kann die Schule ein Umdenken nicht.

69| Vgl. Rohe, Matthias: Das islamische Recht, München 2009, S. 9ff. u. 276ff.

30 »Unsere Tochter darf niemals mit einem Lehrer allein sein!«

Religiös-kultureller Hintergrund

Islamisch sozialisierte Menschen und westlich sozialisierte Menschen stehen sich in Fragen, die die Rolle der Frau in der Gesellschaft betreffen, besonders verständnislos gegenüber.[70] In der islamischen Welt bzw. in den Gesellschaften des Nahen und Mittleren Osten dominiert ein Gesellschaftssystem, das in der Öffentlichkeit die Geschlechter soweit als möglich voneinander zu trennen versucht und legitime Begegnungen zwischen den Geschlechtern sehr reglementiert.

Legitime Begegnungen zwischen Mann und Frau sind nach weit verbreiteter islamischer Vorstellung nur unter verheirateten Paaren und Familienangehörigen im privaten Raum möglich. Die Wahrung von Keuschheit und die Vermeidung von Unzucht, um den gesellschaftlichen Frieden zu wahren, sind Werte im **Koran**, die diese Entwicklung maßgeblich befördert haben.[71]

Muslime leiten das Keuschheitsgebot für Männer und Frauen aus Sure 24:30,31 ab: „Sprich zu den gläubigen Männern, sie sollen ihre Blicke senken und ihre Scham bewahren. Das ist lauterer für sie. Gott hat Kenntnis von dem, was sie machen. Und sprich zu den gläubigen Frauen, sie sollen ihre Blicke senken und ihre Scham bewahren, ihren Schmuck nicht offen zeigen, mit Ausnahme dessen, was sonst sichtbar ist. Sie sollen ihren Schleier auf den Kleiderausschnitt schlagen und ihren Schmuck nicht offen zeigen, es sei denn ihren Ehegatten, ihren Vätern, ihren Söhnen [...]."
Unzucht wird in Sure 17:32 als etwas Schändliches bezeichnet. Die Vermeidung von Unzucht wird als Garant des gesellschaftlichen Friedens erachtet. Die Geschlechtertrennung wird mit dem Verweis auf die Verse 32–33 und 53 aus Sure 33 begründet:
„O ihr Frauen des Propheten [...]. Haltet euch in euren Häusern auf. Und stellt nicht euren Schmuck zur Schau wie in der Zeit der frühen Unwissenheit. Verrichtet das Gebet, und entrichtet die Abgabe, und gehorcht Gott und seinem Gesandten. Gott will die Unreinheit von euch entfernen und euch völlig rein machen." (Sure 33:32–33)
„O ihr, die ihr glaubt, tretet nicht in die Häuser des Propheten ein – es sei denn, das wird euch erlaubt. [...] Und wenn ihr sie [die Frauen des Propheten] um einen Gegenstand bittet, so bittet sie von hinter einem Vorhang. Das ist reiner für eure Herzen und ihre Herzen. [...]"(Sure 33:53)

Ein häufig zitierter Prophetenausspruch besagt, dass ein Mann sich niemals allein mit einer Frau befindet, denn stets gesellt sich der Satan als dritter.[72]

Die Beachtung der Geschlechtertrennung wird von konservativen Traditionalisten und Fundamentalisten gefordert. Insbesondere **Salafisten** argumentieren, dass sich alle muslimischen Frauen an das Vorbild der Ehefrauen des **Propheten Muhammads** zu orientieren haben. Aus dieser Perspektive ist es muslimischen Schülerinnen und Schülern verboten, sich alleine mit ihrem Lehrer bzw. ihrer Lehrererin zu treffen.

Alternative Deutungen

Auf der Basis der historischen und gelebten Praxis der muslimischen Geschlechtertrennung gestaltet es sich schwierig, ein alternatives Deutungsmuster anzubieten. Die Praxis der Geschlechtertrennung ist nicht Resultat der Lehren des Korans. Dies bedeutet jedoch nicht, dass die Geschlechtertrennung und Unterordnung der Frauen eine Fehlinterpretation des Korans wäre. Liberale Auslegungen weisen unter anderem darauf hin, dass die oben zitierten Verse sich auf die Ehefrauen des Propheten und nicht auf die Gesamtheit der Muslima beziehen.

Rechtslage

Rechtlich ist gegen das Gebot „Unsere Tochter darf niemals mit einem Lehrer allein sein!" seitens der Eltern nichts einzuwenden. Das Begehren unterliegt dem grundrechtlich geschützten Recht der Eltern auf Erziehung (Art. 6 GG) sowie der Religionsfreiheit (Art. 4 GG). Die Eltern dürfen auch gegenüber ihrem Kind im Rahmen der elterlichen Sorge Umgangsverbote auferlegen, soweit sie damit nicht in Rechte des Kindes eingreifen. Beispielsweise wäre ein Totalverbot, die Großeltern zu sehen, soweit sich diese nichts zu Schulden haben kommen lassen, unzulässig.
Auch die schulische Ordnung und der Schulbetrieb sind dadurch nicht gestört. Es lässt sich seitens der Schule organisieren, dass andere Personen (Mitschüler) bei Gesprächen beteiligt werden oder eine Lehrerin (oder umgekehrt) ein notwendiges Gespräch übernimmt.

Anmerkungen und Empfehlungen

So pädagogisch sinnvoll geschützte Einzelgespräche mit Kindern jeden Geschlechtes sind, so eindeutig ist die Rechtslage. Schülerinnen und Schüler sind nicht verpflichtet, einem Lehrer in einen geschlossenen Raum zu folgen. Zudem haben die Eltern das Recht, auf ihre Anwesenheit bei „Einzelgesprächen" zu bestehen. Darüber hinaus ist die vertraute Zweisamkeit zwischen Schülern und Lehrern ohnehin ein sehr sensibler Bereich, der vor allem durch sexuelle Übergriffe schwer belastet wurde.
Um Befürchtungen entgegenzuwirken und Vertrauen zu mehren, haben sich zahlreiche Alternativlösungen etabliert. In vielen Fällen ist es möglich, eine Mit-

schülerin oder einen Mitschüler zusätzlich anwesend sein zu lassen. Notwendige Einzelgespräche zwischen Lehrer und Schülerin können von Kolleginnen übernommen werden. Viele Schulen haben einen Besprechungsraum mit einer Glastür. Oftmals ist auch ein Klassenraum geeignet, dessen Fensterfront zum Schulhof geht. Schlussendlich ist es möglich, vertrauliche Gespräche auf dem Schulhof zu führen, sofern neben allgemeiner Sichtbarkeit ein entsprechender akustischer Abstand eingehalten wird. Die Einrichtung eines einsehbaren, aber akustisch geschützten Raumes ist besonders empfehlenswert. Zum einen ist das vertraute Gespräch nicht durch zeitliche Zwänge wie das Stundenläuten geprägt, zum anderen setzt die Schule ein deutliches Zeichen dafür, dass Fürsorge, Vertrauen und ggf. Verschwiegenheit in ihr einen Ort haben. Es darf nicht vergessen werden, dass zahlreiche Kinder und Jugendliche einer sozialen Kontrolle durch Mitschüler, Geschwister und Familie unterliegen, der sie sich nur im Einzelgespräch mit einer Lehrkraft entziehen können.

70| Inwieweit sich dieses Konfliktlinie zwischen Islam und Westen ziehen lässt, ist umstritten. So stehen das orthodoxe Judentum wie auch orientalische Christen dem islamischen Verständnis des Geschlechterverhältnisses wesentlich näher als allgemein bekannt. Geschlechtertrennung und die Verschleierung von Frauen ist ein religionsübergreifendes Phänomen im Mittleren und Nahen Osten. Siehe zum orthodoxen Judentum: www.spiegel.de/politik/ausland/0,1518,793741,00.html

71| Vgl. Ansary, Tamin: Die unbekannte Mitte der Welt. Globalgeschichte aus islamischer Sicht, Frankfurt am Main 2010, S. 343ff.

72| Vgl. Dieser Prophetenausspruch wird in diversen Varianten überliefert. In dieser Form ist er bei Tirmidhi überliefert, wobei die Angabe des Gewährsmannes fehlt. Vgl. auch: Der Hadith. Urkunde der islamischen Tradition, Band III, übersetzt von Adel Theodor Khoury, Gütersloh 2009, S. 44

31 »Unser Kind darf seine Pausen nur mit Kindern unserer Kultur- bzw. Religionsgemeinschaft verbringen!«

Religiös-kultureller Hintergrund

Im Folgenden werden Argumentationen vorgestellt, die für oder gegen einen solche Ausgrenzung aus der islamischen Tradition stehen. Dies soll aber nicht zu der Ansicht verleiten, dass ein solch separatistisches Gedankengut dem Islam eigen oder exklusiv sei. Die Argumentation könnte auch aus anderen Weltanschauungen entstammen, sei es religiöser oder nichtreligiöser Natur. Aus dem Bedürfnis heraus, die eigene Identität zu wahren, entwickeln zahlreiche

Minderheiten die Tendenz zur Abschottung gegenüber der Mehrheitsgesellschaft. In Deutschland sind entsprechende Entwicklungen nicht nur bei Muslimen, sondern auch bei Russlanddeutschen und Chinesen zu beobachten. Allerdings ist die Abgrenzung der zuletzt genannten Gruppen in der Regel nicht religiös motiviert.

Muslime, die dazu neigen, sich von Menschen anderer Religionen und Kulturen zu distanzieren, argumentieren häufig mit Sure 5:51. Dort heißt es: „O ihr, die ihr glaubt, nehmt euch nicht die Juden und die Christen zu Freunden. Sie sind untereinander Freunde. Wer von euch sie zu Freunden nimmt, gehört zu ihnen. Gott leitet ungerechte Leute gewiß nicht recht."

Christen und Juden, die nicht der ursprünglichen Offenbarung folgen, sind Ungläubige. In Sure 5:17 heißt es: „Ungläubig sind gewiß diejenigen, die sagen ‚Gott ist Christus, der Sohn Marias.' [...]" Wer nicht an Gott und die Prophetie **Muhammads** glaubt, ist ein Ungläubiger. Diverse **Fatwas** und bedeutende Korankommentare legen dar, dass Muslimen der freundschaftliche Kontakt zu Ungläubigen verboten ist.

Alternative Deutungen

Es sprechen eine Reihe von Argumenten gegen die oben vorgetragene Lesart. Zunächst ist anzuführen, dass Vers 5:51 aus dem Zusammenhang gerissen ist. Denn in den folgenden Versen wird dargelegt, dass mit den Christen und Juden Personen gemeint sind, die sich explizit über den Glauben der Muslime lustig machen bzw. zur Offenbarungszeit lustig gemacht haben:[73]
„O ihr, die ihr glaubt, nehmt euch aus den Reihen derer, denen das Buch vor euch zugekommen ist, nicht diejenigen, die eure Religion zum Gegenstand von Spott und Spiel nehmen, und auch nicht die Ungläubigen zu Freunden. Wenn ihr zum Gebet ruft, nehmen sie es zum Gegenstand von Spott und Spiel. Dies, weil sie Leute sind, die keinen Verstand haben." (Sure 5:58)
In dem Abschnitt „Unser Kind darf an keinen anderen religiösen Festen teilnehmen!" wurde bereits aus Sure 60 Vers 8 vorgestellt. Dieser besagt, dass sich Muslime pietätvoll und gerecht gegenüber anderen Menschen zu verhalten haben, solange sie nicht auf Grund ihres Glaubens angegriffen werden. Auch die intensive Beziehung, die der Prophet Muhammad zu seinem Onkel Abu Talib

pflegte, lässt erkennen, dass sich Vorbehalte gegenüber Menschen auf Grund ihres Glaubens oder Nichtglaubens nicht zwangsläufig ergeben müssen. Denn der Onkel des Propheten blieb bis zu seinem Tod Polytheist und bekannte sich nicht zum Islam.[74]

Rechtslage

Das Gebot der Eltern, ihre Kinder sollen keinen Kontakt mit Schülern anderer Religionen haben, steht im Licht verschiedener Grundrechte.
Art. 6 II GG (siehe Info zu Art. 6 GG) definiert das „Elternrecht", das die Selbstverantwortlichkeit und Eigenständigkeit der Eltern bei der Erziehung und Pflege ihrer Kinder garantiert. Das Recht der Eltern auf Erziehung steht in einem Spannungsverhältnis zum staatlichen Erziehungsauftrag der Schule aus Art. 7 GG (siehe Info zu Art. 7 GG). Die schulische Erziehung wird wiederum grundrechtlich durch Art. 7 II GG als Ausdruck der Religionsfreiheit beschränkt. Die Schule ist bei der Umsetzung des Erziehungsauftrags zur weltanschaulichen und religiösen Neutralität verpflichtet. Sie ist darüber hinaus zur Zurückhaltung, Offenheit und Toleranz gehalten.[75] Das bedeutet aber nicht, dass die Schule ihrerseits dafür Sorge zu tragen hat, den Kontakt der unterschiedlichen Religionen zu unterbinden.

Der Wunsch der Eltern ist daher rechtlich nicht durchsetzbar. Es ist auch rechtlich problematisch, dass Eltern ihren Kindern den Kontakt mit Andersgläubigen untersagen. Dies könnte jedenfalls im Einzelfall einen Sorgerechtsmissbrauch darstellen, wenn der Kontakt zu Gleichaltrigen allein aus diesen Gründen untersagt wird. Ein Umgangsverbot dürfen Eltern gegenüber ihren Kindern nur dann aussprechen, wenn von dem Kontakt eine objektivierbare Gefahr für die Entwicklung des Kindes ausgeht, wie z.B. von einem sehr viel älteren drogenabhängigen Freund. Dies ist bei Andersgläubigen nicht der Fall. Im Gegenteil: Zur Entwicklung des Kindes gehört es, dass es unterschiedliche Wertekonzepte kennen lernen kann, um sich seine eigene Meinung bilden zu können.

Anmerkungen und Empfehlungen

Diese Forderung betrifft vor allem Mädchen in städtischen Ballungszentren.
Es mehren sich jedoch Berichte, in denen auch Jungengruppen ihre Mitschüler meiden und diese als „Ungläubige", „Unreine" oder „Schweinefleischfresser"

deklassieren. Diese Entwicklungen mögen nicht repräsentativ sein, werfen aber dennoch ein beunruhigendes Licht auf den Stand der Integration. Weiterhin ist der Schulfrieden massiv bedroht, wenn auf dem Schulgelände ethnisch oder religiös begründete homogene Zonen gefordert oder durch Gewohnheitsrecht verkündet werden.

Eine Reaktion scheint auf mindestens zwei Ebenen möglich: Rein pragmatisch lässt sich betonen, dass Pausenaufsichten die Aufgabe zukommt, Schüler vor körperlichen Übergriffen, nicht jedoch vor kulturellen Erfahrungen zu schützen. Keinesfalls kann also verlangt werden, dass Lehrer während der Pausenaufsicht die Kontaktaufnahme von Schülern verschiedener Religionen und Kulturkreise unterbinden.

Leider wird diese Aufgabe jedoch innerhalb der Gemeinschaft übernommen. Bewegungs- und Kontaktfreiheit junger Muslima wird nicht selten von männlichen Verwandten überwacht, die ebenfalls die Schule besuchen. Kulturell homogene Jungengruppen entwickeln hingegen nicht selten eine Dynamik wechselseitiger Selbstbeschränkung. Personen von „außen", die wissentlich oder unwissentlich die unsichtbare Abgrenzung missachten, haben mit Drohungen und sogar körperlichen Übergriffen zu rechnen.

Auf der prinzipiellen Ebene ist zu betonen, dass es der erklärte Auftrag der Schule ist, das aktive Miteinander junger Menschen zu fördern. Die direkte Begegnung ist hierfür unerlässlich. Eine freiwillige Selbstbeschränkung ist mit dem allgemeinen Bildungsauftrag der Schule unvereinbar. Weiterhin ist nachdrücklich auf die verfassungsgemäßen Grundrechte all jener zu verweisen, deren Nähe vermieden werden soll. Hierzu gehören die Bewegungsfreiheit und das Recht, mit jedem Mitschüler und jeder Mitschülerin gewaltfrei Kontakt aufzunehmen. Mitschülern auf Grund ihrer kulturellen Herkunft den Kontakt zu verweigern, ist Rassismus. Die Kontaktversuche durch Drohungen oder gar Gewalt zu unterbinden, ist eine Straftat.

Darüber hinaus kann die Bildungs- und Erziehungsarbeit in der Schule aktiv zur Entschärfung der Situation beitragen. Neben Aufklärungsarbeit und Gesprächsrunden, etwa im Ethikunterricht oder der Klassenlehrerstunde, sind vor allem Gemeinschaftserlebnisse von großer Bedeutung. Der Sportunterricht ist hier ein geeignetes Vehikel. Als Beispiel mag die Initiative einer Hamburger Gesamtschule dienen. Nach zunehmenden kulturell motivierten Übergriffen beschloss die Konferenz der Sportlehrer, bei der Zusammenstellung von Mannschaften

und Partnerübungen kulturelle Homogenität prinzipiell zu unterbinden. Ein Beschluss, der gegen energische Widerstände der Schülerschaft durchgesetzt wurde. Damit einhergehend sind gewalttätige Auseinandersetzungen zwischen Jungen unterschiedlicher Religionen und Kulturkreise deutlich zurückgegangen.
Andere Schulen experimentieren mit so genannten Mädchenräumen und Mädchenzonen auf dem Schulhof. Auf diese Weise sollen Mädchen unter anderem der direkten Kontrolle männlicher Aufsichtspersonen entzogen werden.
Auch die Kenntnis der unterschiedlichen kulturellen Prägungen spielt eine große Rolle. Beispielsweise sollten Jungen wissen, dass ein vermeintlich harmloser Körperkontakt während des erstens Kennenlernens nicht nur für männliche Aufsichtspersonen, sondern auch für das angesprochene Mädchen selbst eine Überforderung sein kann.

73| Nicht unerheblich ist, dass die Übersetzung und das Verständnis des koranischen Begriffs „Wali" als Freund unzureichend ist. Der Begriff „Wali" ist eher als Schutzherr zu verstehen und zu übersetzen.
74| Vgl. Ibn Ishaq, Muhammad: Das Leben des Propheten, aus dem Arabischen von Gernot Rotter, Kandern im Schwarzwald 2008[4], S. 35, 90ff.
75| Vgl. BVerfGE 93, 17

32 »Im Klassenraum unserer Kinder dürfen keine Kruzifixe hängen!«

Religiös-kultureller Hintergrund

Die zum Teil hysterische Reaktion auf diese Forderung ist durch das Alltagsempfinden vieler Europäer und durch die Geschichte des europäischen Schulwesens begründet.
In vielen Teilen Europas ist das Kreuz oder Kruzifix ein alltägliches Symbol. Es schmückt Kirchen, Wohnzimmer, Wegesränder und eben auch Klassenzimmer. Viele Menschen verbinden mit diesem Symbol ein nicht spezifizierbares Gefühl der Geborgenheit und der Zusammengehörigkeit. Der unerwartet heftige Protest gegen die Entfernung von Kreuzen wird von dieser unbestimmten Gefühlslage bestimmt. Ohne ihre Sorgen genauer benennen zu können, fürchten viele Kritiker, dass ein Bindeglied der Gesellschaft verlorengeht.

Historisch wurde das europäische Schulsystem durch die **Scholastik** der mittelalterlichen Klosterschulen geprägt. Die Entfernung des Kreuzes wird daher als Gefahr für die schulische Vermittlung eines abendländisch-christlichen Menschenbildes verstanden.

Alternative Deutungen

Zunächst sollte darauf verwiesen werden, dass eine christliche Grundhaltung keines Symbols bedarf. Christus selbst hat keine Symbole vorgeschrieben, und die frühen Christen verwendeten das Staurogramm oder das Christusmonogramm ☧. Erst ab dem dritten Jahrhundert wurde es Brauch, sich zu bekreuzigen. Das Kreuz hat sich im fünften Jahrhundert als zentrales Symbol des Christentums etabliert.
Ebenfalls hervorzuheben ist, dass die europäische Schulkultur älter als das Christentum ist. Ihr Ursprung liegt in der griechischen Antike, und ihr zentraler Prototyp war Platons Akademie. Auch die Inhalte des vielbeschworenen „europäischen Menschenbildes" wurden nicht nur durch, sondern auch gegen das Christentum erstritten. Allgemeine Menschenrechte etwa wurden lange Zeit unter Hinweis auf die **Erbsünde** von der christlichen Lehre abgelehnt.

Rechtslage

Das Aufhängen von Kreuzen als christlich symbolische Zeichen im Klassenzimmer berührt die Religionsfreiheit und das Erziehungsrecht der Eltern.

Art. 4 I GG schützt die Glaubens- und Gewissensfreiheit. Zur Glaubensfreiheit gehört der Schutz der Ausübung des Glaubens und auch das Recht, nicht zu glauben (negative Religionsfreiheit) und zu keiner oder nicht zu einer bestimmten Religionsgemeinschaft zu gehören. Die Schule ist daher bei der Umsetzung ihres Erziehungsauftrags aus Art. 7 GG zur weltanschaulichen und religiösen Neutralität verpflichtet, was ihr insbesondere ein Verbot der Indoktrinierung auferlegt.
Das Bundesverfassungsgericht[76] hat dazu entschieden, dass in bayerischen Schulen entgegen des anders lautenden Schulgesetzes kein Kreuz in den Klassenzimmern hängen darf: „Zusammen mit der allgemeinen Schulpflicht führen Kreuze in Unterrichtsräumen dazu, dass die Schüler während des Unterrichts von Staats

wegen und ohne Ausweichmöglichkeit mit diesem Symbol konfrontiert sind und gezwungen werden, ‚unter dem Kreuz' zu lernen. [...] Die Anbringung von Kreuzen in Klassenzimmern überschreitet die [...] Grenze religiös-weltanschaulicher Ausrichtung der Schule." Vom Europäischen Gerichtshof für Menschenrechte (EuGH) wurde in einem vergleichbaren Fall in Italien auch in diesem Sinne entschieden. Die Große Kammer des Europäischen Gerichtshofs für Menschenrechte hat die Entscheidung revidiert.[77] Es lasse sich nicht beweisen, so der EuGH, dass Kreuze in Schulräumen Einfluss auf die Schüler haben. Das Kreuz sei in dem katholisch geprägten Land Italien ein „stummes, passives" Symbol, das keinen Einfluss auf den Unterricht habe.

Nach der Wertung des Bundesverfassungsgerichts hingegen gehört das Kreuz „nach wie vor zu den spezifischen Glaubenssymbolen des Christentums. Es ist geradezu sein Glaubenssymbol schlechthin." Weiter schreibt das Bundesverfassungsgericht in seiner Entscheidung: „Die Ausstattung eines Gebäudes oder eines Raums mit einem Kreuz wird bis heute als gesteigertes Bekenntnis des Besitzers zum christlichen Glauben verstanden. Für den Nichtchristen oder den Atheisten wird das Kreuz gerade wegen der Bedeutung, die ihm das Christentum beilegt und die es in der Geschichte gehabt hat, zum sinnbildlichen Ausdruck bestimmter Glaubensüberzeugungen und zum Symbol ihrer missionarischen Ausbreitung. Es wäre eine dem Selbstverständnis des Christentums und der christlichen Kirchen zuwiderlaufende Profanisierung des Kreuzes, wenn man es [...] als bloßen Ausdruck abendländischer Tradition oder als kultisches Zeichen ohne spezifischen Glaubensbezug ansehen wollte."[78]

Der EuGH beschreibt das Kruzifix in seiner bereits erwähnten neuen Entscheidung[79] dagegen als „volkstümliches Symbol", das zur nationalen Identität Italiens gehöre. Das Aufhängen eines Kreuzes in Italien verstoße folglich nicht gegen die Menschenrechte.
Dieses Urteil wird auch die deutsche Rechtsprechung beeinflussen, wenn auch nicht ganz abzusehen ist, in welchem Maße. Denn in Deutschland ist die nationale Prägung durchaus unterschiedlich, wenn man beispielsweise Bundesländer wie Bayern und Hamburg vergleicht. Insofern kann man die abweichende Entscheidung des EuGH nicht zwangsläufig auf Deutschland übertragen. Jedenfalls hat diese Entscheidung aber die Diskussion um Kruzifixe in Klassenräumen neu entfacht und hierzulande nun zu mehr Verwirrung als Klarheit beigetragen.

Anmerkungen und Empfehlungen

Die Emanzipation von unreflektierten Traditionsbeständen ist erklärtes Ziel der modernen Pädagogik. Wie auch immer man den Einfluss des Kreuzes auf Schüler bewertet, es ist zweifellos ein christliches Symbol. In einer „vielfarbigen" multikulturellen Gesellschaft erscheint es daher sinnvoll, auch ohne rechtlich verbindlichen Rahmen auf diese Symbolik an staatlichen Schulen zu verzichten. Dort, wo sich noch Kreuze im Klassenzimmer befinden, sollten diese spätestens dann beseitigt werden, wenn Schüler oder deren Erziehungsberechtigte einen entsprechenden Wunsch äußern. Auf diese Weise lassen sich Konflikte und Rechtstreitigkeiten vermeiden.

Selbstverständlich kann auch auf Abstimmungen, etwa auf Elternabenden oder Schulkonferenzen, zurückgegriffen werden. Ein Verbleib von Kreuzen oder Kruzifixen könnte aber nur einstimmig beschlossen werden, da Grundrechte wie die negative Religionsfreiheit nicht durch Mehrheitsbeschluss aufgehoben werden können. Zudem müssten die entsprechenden Abstimmungen mit jedem Jahrgang, ja sogar mit jedem neuen Schüler wiederholt werden.
Weiterhin ist die pädagogische Wirkung auf Schüler aus anderen Religionsgemeinschaften zu beachten. Es sollte nicht vergessen werden, dass für viele muslimische Menschen das Kreuz nicht nur das Symbol des Christentums, sondern auch der Kreuzzüge ist.

Derzeit wird vielerorts darum gerungen, junge Menschen mit Migrationshintergrund als Mitglieder der offenen Gesellschaft zu gewinnen und einem Rückzug in traditionelle, religiöse Deutungs- und Rollenmuster entgegenzuwirken. Wie glaubwürdig ist der Einsatz für die offene Gesellschaft und individuelle Mündigkeit, wenn über Lehrenden und Lernenden ein Kreuz hängt?

76| BVerfGE 16.5.1995, 1 BvR 1087/91
77| Vgl. Case of Lautsi and others v. Italy, Application no. 30814/06, 18.3.2011
78| BVerfGE 16.5.1995, 1 BvR 1087/91
79| Vgl. Case of Lautsi and others v. Italy, Application no. 30814/06, 18.3.2011

33 »Unser Kind darf nur von Lehrern unterrichtet werden, deren Kleidung keinerlei religiöses Bekenntnis darstellt!«

Religiös-kultureller Hintergrund

Vertreter eines strikten Säkularismus fordern eine vollständige Trennung zwischen Privatheit und Öffentlichkeit. Die Öffentlichkeit ist der Raum der Gemeinsamkeiten. Dies sind insbesondere die Bereiche Politik, Bildung und der Bereich, der die bürgerlichen Rechte und Pflichten betrifft. Was die Individuen unterscheidet, wird dem Privaten zugerechnet. Hierunter fallen Religion, Sexualität und die individuellen Biografien. In einem solchen Gesellschaftsmodell werden religiöse Bekenntnisse im öffentlichen Raum als nicht wünschenswert erachtet. Forderungen in der Bundesrepublik Deutschland gegen religiöse Bekleidung richteten sich in erste Linie gegen muslimische Frauen bzw. Lehrerinnen, die das Kopftuch als Ausdruck ihrer religiösen Identität im Schulunterricht oder allgemein im öffentlichen Leben tragen wollen. Neben der Forderung, eine strikte Trennung von Privatheit und Öffentlichkeit durchzusetzen, treten andere Motive hinzu. Nicht selten spielen Ängste vor Überfremdung eine Rolle. Zudem wird häufig damit argumentiert, dass das Kopftuch ein Symbol der Unterdrückung der Frauen sei.

Alternative Deutungen

Man sollte nicht vergessen, dass das In-Frage-Stellen von bestehenden Grenzziehungen von Privatheit und Öffentlichkeit zu gesellschaftlichen Entwicklungen geführt hat, von denen wir heute glauben, sie seien selbstverständlich. Vergewaltigung in der Ehe war bis 1992 kein Gegenstand des Strafgesetzes. Frauenrechte und die Rechte von Homosexuellen wurden dadurch erkämpft, dass Aktivisten vermeintlich Privates in die Öffentlichkeit getragen haben. Hiermit wurde ein öffentlicher Diskurs angestoßen, der zu Veränderungen des gesellschaftlichen Common Sense führte. Muslimische Frauen stellen mit ihrer gelebten Religiosität in der Öffentlichkeit bestehende Grenzen zwischen Privatheit und

Öffentlichkeit in Frage. Ihr Auftreten als religiöse Menschen und ihr Beharren, das Kopftuch im öffentlichen Raum zu tragen, steht den Bestrebungen der Privatisierung von Religion entgegen.

Rechtslage

Dem Schüler selbst steht ein grundrechtlich geschütztes Recht auf Religionsfreiheit zu (Näheres in der Info zu Art. 4 GG). Gleiches gilt für die Eltern, die bis zur Religionsmündigkeit ihres Kindes die Religion für ihren Nachwuchs bestimmen dürfen (Art. 6 GG). Die Aussage betrifft daher namentlich die Frage, ob das Tragen eines Kopftuches ein religiöses Bekenntnis der betreffenden Lehrerin (als Repräsentantin der Institution Schule = Staat) enthält, das auf Grund der aus Art. 7 GG bestehenden Pflicht des Staates zur religiösen Neutralität einen Grundrechtsverstoß (Art. 4 GG) darstellen könnte. Denn die Schule hat vom Grundprinzip dafür Sorge zu tragen, dass ihre Schüler seitens der Schule nicht mit religiösen Handlungen und Symbolen konfrontiert werden, die sie beeinflussen. Gleichzeitig könnte ein Kopftuchverbot wiederum die Lehrerin in ihrem Grundrecht auf Religionsfreiheit verletzen.

Das Bundesverfassungsgericht hat zu dem Kopftuchverbot gegenüber einer Lehrerin, deren Einstellungsantrag in den Schuldienst „mangels Eignung" abgelehnt worden war, entschieden:[80]
„Ein Verbot für Lehrkräfte, in Schule und Unterricht ein Kopftuch zu tragen, findet im geltenden Recht des Landes Baden-Württemberg keine hinreichend bestimmte gesetzliche Grundlage. Der mit zunehmender religiöser Pluralität verbundene gesellschaftliche Wandel kann für den Gesetzgeber Anlass zu einer Neubestimmung des zulässigen Ausmaßes religiöser Bezüge in der Schule sein."

Die Exekutive darf folglich nicht aus eigener Befugnis, sprich ohne gesetzliche Grundlage, einen Bewerber wegen Tragen eines Kopftuches „mangels Eignung" ablehnen. Ein Verbot des Tragens eines Kopftuches ohne eine solche gesetzliche Grundlage ist also zweifellos verfassungswidrig. Einige Länder haben nach diesem Urteil gesetzliche Regelungen zum Tragen religiöser Kleidung von Lehrern erlassen. Seitdem sind Rechtsprechung und Praxis unterschiedlich.

Beispielsweise klagte im Jahr 2006 eine zum Islam konvertierte Lehrerin gegen die dienstliche Weisung, kein Kopftuch zu tragen. Das Schulamt berief sich auf die im baden-württembergischen Schulgesetz geschaffene Rechtsgrundlage (§ 38 Absatz 2, Satz 1 und 2 baden-württembergischem SchulG). Mit dem Tragen der Kopfbedeckung gebe die Lehrerin eine äußere Bekundung ab, die geeignet sei, die Neutralität des Landes gegenüber den Schülern und Eltern und den politischen sowie den religiösen und weltanschaulichen Schulfrieden zu gefährden oder zu stören, so das Schulamt. Die Lehrerin hielt dagegen, dass im Baden-Badener Vorort an der im gleichen Kloster untergebrachten staatlichen Grundschule drei Nonnen in Ordenstracht allgemeinen Unterricht erteilen.

Das Stuttgarter Verwaltungsgericht gab der Lehrerin Recht. Wenn der Staat in der Praxis der Rechtsanwendung das Verbot religiöser Bekundungen nur gegenüber einer Lehrerin mit islamischem Kopftuch durchsetze, nicht aber gegen die Katholikinnen im Habit, wird die Klägerin in ihrem Anspruch auf Gleichbehandlung der verschiedenen Glaubensrichtungen verletzt.[81]

Anmerkungen und Empfehlungen

Bis zu welchem Grad sind Staatsdiener Repräsentanten der Staatsräson? Staaten mit einer stark säkularen Tradition ist die religiöse Neutralität von Lehrern ein wichtiges Anliegen. In Frankreich sind Lehrende zu religiöser Neutralität verpflichtet. In der Türkei gelten diese Auflagen auch für Lernende. Beispielsweise ist das Tragen eines Kopftuches an Schulen und Universitäten in der Türkei sowohl für Lehrerinnen als auch für Schülerinnen untersagt.

Wie stark prägt das persönliche Bekenntnis von Lehrenden die Weltanschauung von Schülern? Wer diesen Einfluss für nachhaltig erachtet, verweist in der Regel auf den starken Einfluss von Klassenlehrern und die Sensibilität junger Menschen während der Kinderjahre und in der **Adoleszenz**. Weniger besorgte Zeitgeister erklären, dass unterschiedliche kulturelle Einflüsse in der pluralistischen Gesellschaft ohnehin unvermeidlich seien.
Wie kann Gleichbehandlung realisiert werden? Es ist weder juristisch noch ethisch zu rechtfertigen, wenn Kopftücher verboten, Habite und Kreuze aber akzeptiert werden. Die Maxime muss also lauten: entweder alle oder niemand!

In jedem Fall sei dringend dazu geraten, eine Verpflichtung zur Neutralität auf Lehrende zu beschränken. Zum einen ist ein entsprechendes Verbot für Schüler in Deutschland gerichtlich nicht entscheidbar. Zum anderen wäre eine Umsetzung in der Praxis nicht realisierbar. Religiöse Bekenntnisse können auch auf unkonventionellem Weg, etwa als T-Shirt-Aufdruck oder durch Schmuck, zum Ausdruck gebracht werden. Entsprechende Kontrollen würden die Intimsphäre der Schüler missachten und sind mit vorhandenen Personalbeständen nicht zu realisieren.

80| Urteil vom 20.9.2003, 2 BvR 1436/02
81| Vgl. Verwaltungsgericht Stuttgart, Urteil vom 7.7.2006, Az.: 18 K 3562/05

34 »Unser Kind darf nur mit Kindern des gleichen Geschlechts Sport treiben!«

Religiös-kultureller Hintergrund

Eine strikte Geschlechtertrennung wird von vielen Kulturen und Religionen gefordert. Aktuell führen die Begehrlichkeiten orthodoxer Juden in Israel zu handfesten gesellschaftlichen Konflikten. An deutschen Schulen sind entsprechende Forderungen bisher nur von Muslimen bekannt.

Prinzipiell wird die körperliche Ertüchtigung vom Islam bejaht. Allerdings muss dies im Rahmen der dafür vorgeschriebenen Bestimmungen geschehen. Demzufolge dürfen sportliche Betätigungen, in denen Körperregionen zu sehen sind, die das andere Geschlecht nicht sehen darf, nur unter Gleichgeschlechtlichen ausgeübt werden.
Hinzu kommt, dass es nach islamischer Auffassung bestimmte Körperregionen gibt, die keinem Menschen (auch nicht dem gleichen Geschlecht) gezeigt werden dürfen. Diese Körperregion (Aura) gilt es grundsätzlich bedeckt zu halten. Beim Mann betrifft dies die Region vom Bauchnabel bis zum Knie. Für die Frau gilt dies meist für den ganzen Körper mit Ausnahme von Gesicht, Händen und Füßen. Hier liegt auch ein möglicher Grund, warum manche Schüler auf Einzelduschen und Umkleidekabinen bestehen. Bisweilen wird der gemeinsame Sportunterricht von Mädchen und Jungen von konservativen Muslimen ganz abgelehnt.

Alternative Deutungen

Die Geschlechtertrennung im Islam ist ein kulturelles Phänomen und ergibt sich nicht zwingend aus den Lehren des Korans. Unabhängig davon bleibt aber festzustellen, dass sich in der islamischen Welt eine Schamkultur entwickelt hat, die sich auf den Koran und die Tradition des Propheten beruft. Mögliche alternative Entwicklungen und auch Reformationen sind aber nicht ausgeschlossen.

Rechtslage

Die Frage der Teilnahme am Sportunterricht steht ebenso wie die Teilnahme am Schwimmunterricht (siehe auch „Unsere Tochter nimmt nicht am Schwimmunterricht teil!") für muslimische Schüler im Spannungsverhältnis zwischen staatlichem Bildungs- und Erziehungsauftrag (Art. 7 I GG) und dem (religiösen) Erziehungsrecht der Eltern (Art. 6 II GG). Die Schulpflicht erfordert die Teilnahme, es sei denn, eine Befreiung vom Unterricht ist aus wichtigem Grund möglich.

Eine erste Grundsatzentscheidung hinsichtlich der Teilnahme muslimischer Schüler am Sportunterricht gab es 1993 vom Bundesverwaltungsgericht: „Führt ein vom Staat auf Grund seines Bildungs- und Erziehungsauftrags aus Art. 7 II GG im Rahmen der allgemeinen Schulpflicht angebotener koedukativ[82] erteilter Sportunterricht für eine 12-jährige Schülerin islamischen Glaubens im Hinblick auf die Bekleidungsvorschriften des Korans, die sie als für sie verbindlich ansieht, zu einem Gewissenskonflikt, so folgt für sie aus Art. 4 I und 2 GG ein Anspruch auf Befreiung vom Sportunterricht, solange dieser nicht nach Geschlechtern getrennt angeboten wird."[83]
Die Schulen müssen also zunächst alle zumutbaren organisatorischen Möglichkeiten ausschöpfen, um den Gewissenskonflikten Rechnung zu tragen. Dazu zählt, den Sportunterricht nach Geschlechtern getrennt anzubieten und auch muslimischen Schülern eine züchtige Sportbekleidung und Schwimmbekleidung zu gestatten. Im Einzelfall kann auch eine Befreiung von bestimmten „unkeuschen" Sportübungen in Betracht kommen. Unter Berücksichtigung dieser Gesichtspunkte muss die Schule nicht jeder Sitten- und Moralvorstellung der Eltern nachkommen und eine Befreiung erteilen. Selbst wenn solche organisatorische Maßnahmen nicht durchgeführt werden können, kommt eine Befreiung nur in Betracht, wenn der Schüler glaubhaft darlegen kann, dass eine zwingende

Glaubensvorschrift seiner Religion ihn daran hindert, am Sportunterricht teilzunehmen und er sich auch sonst an die Gebote der Religionsgemeinschaft hält.

Anmerkungen und Empfehlungen

Die zunehmende Abmeldung vom Sportunterricht betrifft vor allem muslimische Mädchen der dritten oder vierten Generation. Nicht selten handelt es sich um Mädchen, deren Mütter regulär den Sportunterricht absolvierten. Allerdings ist anzumerken, dass dieser Sportunterricht in der Regel nicht koedukativ erteilt wurde.
Die bestehende Rechtslage nimmt die Schulen in die Pflicht, geschlechtergetrennten Sportunterricht anzubieten. Wenn möglich, sollte während des Mädchensports kein männlicher Lehrer oder Hausmeister die Sporthalle und Umkleiden betreten. In einem solchen geschützten Raum entfallen für viele muslimische Schülerinnen die Kleidervorschriften, sodass sie auch ohne Kopftuch und mit funktionaler Bekleidung am Sport teilnehmen können. Hinsichtlich der Kleidung ist in jedem Fall ein flexibler und pragmatischer Umgang zu empfehlen: Lange Trainingshosen, Longsleeves und sportgerechte Kopftücher sind einfache und zumutbare Lösungen. Auch den Eltern der Schülerinnen sollten diese Optionen vermittelt werden.

Darüber hinaus sprechen auch soziale Gründe für koedukativen Sportunterricht. Integration bedarf des Kontaktes und gemeinsamer Erlebnisse. Eine aufgeschlossene Teilnahme in reinen Mädchensportkursen dürfte weit mehr Nähe ermöglichen als die erzwungene oder verweigerte Teilnahme am koedukativen Sportunterricht.

82| Koedukativ: gemeinsamer Unterricht von Mädchen und Jungen
83| BVerwG 25.8.1993, Az: 6 C 7/93

35 »Unserem Kind muss ein Alternativfach für Religion angeboten werden!«

Religiös-kultureller Hintergrund

Diese Forderung wird von religions- und kirchenkritischen Eltern ebenso wie von Angehörigen nichtchristlicher Religionen erhoben. Neben der Angst vor Manipulation (vgl.: „Unser Kind darf nicht am Religionsunterricht teilnehmen!") spielen zwei weitere Aspekte eine wichtige Rolle.

Zum einen sind zahlreiche humanistische Organisationen davon überzeugt, dass die ethischen Grundlagen demokratischer Rechtsstaaten aus nichtreligiösen Wurzeln erwachsen sind. Dementsprechend werden Fächer wie Ethik oder Philosophie als wichtige Bildungsgüter verstanden.
Zum anderen spielt die Benotung eine wichtige Rolle. Sofern Religion zensiert wird, kann diese Note als Ausgleich für andere Fächer genutzt werden. Bei Abmeldung vom Religionsunterricht ohne entsprechendes Alternativfach wäre diese Möglichkeit nicht vorhanden.

Alternative Deutungen

An dieser Stelle kann nur auf die Ausführungen zu „Unser Kind darf nicht am Religionsunterricht teilnehmen!" verwiesen werden. Das Problem der Ungleichbehandlung bei benotetem Religionsunterricht ohne Alternativfach lässt sich indes nicht beheben.

Rechtslage

Ein Rechtsanspruch auf Ethik- oder Philosophieunterricht ist im Grundgesetz anders als für den Religionsunterricht (Art 7 III GG) nicht verankert. Das Grundgesetz selbst nimmt hier also bereits eine „Ungleichbehandlung" vor, indem es nur den Religionsunterricht in Art. 7 III GG als verpflichtend aufnimmt. Gleichwohl birgt die Benotung des Religionsunterrichtes ohne Angebot eines

Alternativfaches Probleme. Beispielsweise könnte Schüler A seine „5“ in Mathematik durch eine „2“ in Religion ausgleichen und wird versetzt. Schüler B, der vom Religionsunterricht abgemeldet und ohne Alternativfach ist, wird hingegen bei gleichen Voraussetzungen nicht versetzt. Er hat ebenfalls eine „5“ in Mathematik, aber keine Ausgleichsmöglichkeiten. Dennoch besteht allein deswegen kein Rechtsanspruch auf ein Alternativfach, weil nach dem „Gleichheitsgrundsatz“ aus Art. 3 GG nur Gleiches gleich behandelt wird. Hier geht es aber gerade um eine nicht nur erlaubte, sondern vom Grundgesetz verpflichtende „Ungleichbehandlung“, nämlich: *religiöser* Schüler A (Art 7 III GG) und *nicht religiöser* Schüler B.
Allerdings muss die Schule nach dem Grundgesetz nicht nur Religionsgemeinschaften, sondern auch andere Weltanschauungen anerkennen. Daraus kann man eine Pflicht zur Gleichbehandlung (Religionsunterricht versus Philosophie/Ethik) herleiten, sodass es rechtlich angezeigt ist, ein Alternativfach zu Religion anzubieten. Damit wird die vom Grundgesetz vorgegebene Gleichbehandlung von Religions- und Weltanschauungsgemeinschaften berücksichtigt. Zusammengefasst: Religionsunterricht schreibt das Grundgesetz ausdrücklich vor.
Um den in der Praxis damit verbundenen Problemen rechtlich vorzubeugen, sind verschiedene Konstellationen denkbar:

- Es werden sowohl Ethik als auch Religion als Pflichtfach angeboten.
- Religion wird als freiwilliges Wahlfach angeboten.
- Religion wird ohne Benotung angeboten. Es findet kein Ethikunterricht statt.

Anmerkungen und Empfehlungen

Einige Primarschulen berichten, dass sie in Abstimmung mit den Eltern auf das freiwillige Kursangebot „Philosophieren mit Kindern“ zurückgreifen. Die vom Religionsunterricht abgemeldeten Kinder besuchen das Angebot „Philosophieren mit Kindern“ und erhalten dafür eine Note, die als „Religionsersatzleistung“ ins Zeugnis eingetragen wird. Allerdings ist diese Notlösung nicht einklagbar. Zudem ist das Kursangebot „Philosophieren mit Kindern“ zwar weit verbreitet, aber längst nicht an allen Grundschulen zu finden. Außerdem liegt es in der Natur der Wahlkurse, dass sie in der Regel nicht während der regulären Unterrichtszeit angeboten werden. Das Betreuungsproblem während des Religionsunterrichts bleibt also bestehen.

Eine für alle befriedigende und rechtlich haltbare Lösung scheint daher nur auf zwei Wegen denkbar. Entweder muss der Religionsunterricht ohne Benotung erfolgen, oder in allen betroffenen Jahrgängen muss ein ebenfalls benotetes Alternativfach angeboten werden.

36 »Der Unterricht unseres Kindes darf keine Literatur, Filme oder Theaterdarstellungen mit sexualisierten Inhalten behandeln!«

Religiös-kultureller Hintergrund

Religionen haben eine spezifische Sexualmoral ausgebildet, die sich in der Regel nicht mit dem heutigen Common Sense einer offenen Gesellschaft decken. Erotische Erfahrungen, die erste Liebe, Leidenschaft, Enttäuschungen in der Partnerschaft und sexuelle Fantasien sind Themen der verschiedenen Künste. Eine Zurschaustellung von solchen Inhalten steht häufig im Widerspruch zu den Weltbildern von Religionen, die einzig die Ehe als legitime Institution für Liebe und Sexualität anerkennen.

Alternative Deutungen

Ein zentrales Kennzeichen der Moderne ist, dass die Religionen ihre übergeordnete Welterklärungsfunktion verloren haben. Hatten Religionen in der Vormoderne noch auf alle gesellschaftlichen Teilsysteme eingewirkt, büßten sie diese Vorrangstellung im Zuge der Modernisierung und Säkularisierung der Gesellschaft ein. Die Ausdifferenzierung der Gesellschaft, die Pluralisierung kultureller Orientierung und die Individualisierung führen dazu, dass Religionen mit anderen Religionen oder auch Wertvorstellungen und Ideen anderer gesellschaftlicher Teilsysteme konkurrieren müssen. Auch bezüglich der Sexualmoral haben die Religionen ihren Anspruch auf nicht hinterfragbare und selbstverständliche Gültigkeit verloren. Mit diesem Phänomen geht aber auch der Verlust an Verbindlichkeit zwischenmenschlicher Beziehungen einher. Institutionen wie Ehe und Familie haben wesentlich seltener Bestand als in der Vormoderne. Auch hier liegen die Chancen und Potenziale für die Religionen, insofern es ihnen gelingt, sich den veränderten Bedingungen der Moderne anzupassen und Antworten auf die aufgeworfenen Probleme der Zeit zu finden.[84]

Rechtslage

Zum staatlichen Erziehungsauftrag aus Art. 7 GG zählen die Organisation, Leitung und Planung sowie die inhaltliche Festlegung des Unterrichts. Dabei ist die Schule nicht nur zur Wissensvermittlung verpflichtet, sondern darf und soll das Kind gemeinsam mit den Eltern zu einem selbstverantwortlichen Mitglied der Gesellschaft ausbilden. Staatlicher Erziehungsauftrag und Elternrecht verlangen ein sinnvolles Zusammenwirken der Erziehungsträger bei dem Ziel, das Kind auszubilden (vgl. BVerfGE 34,165). Die Eltern können über die gesetzlich geregelten Mitbestimmungsrechte ihre Anliegen einbringen.
Die Schule ist bei der Umsetzung ihres Erziehungsauftrags zur weltanschaulichen und religiösen Neutralität verpflichtet (vgl. BVerfGE 93,17). In Bezug auf die Inhalte und die Vermittlung des Unterrichtsstoffs hat die Schule allerdings die Gestaltungshoheit. Über die reine Wissensvermittlung hinaus sollen die Schüler auch eine kulturelle Bildung erfahren. Diese wird insbesondere durch Musik, Literatur, Theater und bildende Kunst erfahren. In diesem Kontext kann die Darstellung sexualisierter Inhalte nicht ausbleiben. Ein Ausblenden dieser Inhalte würde eine einseitige „zensierte" Vermittlung von Bildung bedeuten und dem Bildungsauftrag der Schule zuwiderlaufen.
Daher ist die Forderung des Verbots rechtlich nicht haltbar, auch wenn die Eltern entsprechende Wertvorstellungen haben und dem Kind vermitteln möchten. Dem widerspricht es nicht, dass die Schule die religiösen und weltanschaulichen Ansichten der Eltern zu respektieren hat. Aber das Ausblenden bestimmter Themenbereiche würde dem staatlichen Erziehungsauftrag entgegenstehen.

Anmerkungen und Empfehlungen

In diesem Fall handelt es sich erneut um einen Konflikt zwischen dem Erziehungsrecht der Eltern und dem Bildungsauftrag des Staates. Es erscheint ratsam, Eltern über Ziel und Funktion der verschiedener Unterrichtseinheiten und

Lerngegenstände zu informieren. Erotische oder gar pornografische Darstellungen werden in der Schule nie als Selbstzweck dargestellt. Ihre Behandlung rechtfertigt sich allein durch die Thematisierung künstlerischer und literarischer Ausdrucksformen oder durch die Diskussion politischer und sozialer Problemlagen. Besorgten Eltern sollte die Hospitation einer entsprechenden Unterrichtseinheit angeboten werden. Ungeachtet dessen sind Schulen in jedem Fall an die Altersempfehlungen für Filme und Theaterstücke gebunden.
Weiterhin sind Eltern auf die Konsequenzen einer unnachgiebigen Haltung hinzuweisen. Beispielsweise ist die Literatur von Aristophanes „Lysistrata" über Goethes „Stella" bis hin zu Benjamin Leberts „Crazy" von erotischen Motiven durchzogen. Diese gänzlich auszublenden, bedeutet eben auch, eine mangelhafte literarische Bildung zu vermitteln.
Besondere Brisanz erhält der Konflikt durch die inhaltlichen Vorgaben der Bildungspläne und der thematischen Vorgaben für das Zentralabitur, welche in den meisten Bundesländern eingeführt wurden. Wer sein Kind kategorisch von den entsprechenden Bildungsinhalten ausschließt, wird damit auch die Bildungsabschlüsse seines Kindes an staatlichen Schulen gefährden. Schulen sind verpflichtet, den Erziehungswünschen der Eltern Rechnung zu tragen. Sie sind aber nicht verpflichtet, Schulabschlüsse zu vergeben, wenn die vorgesehenen Lerninhalte verweigert wurden.

84| Vgl. Pollack, Detlef: Religion und Moderne. Versuch einer Bestimmung ihres Verhältnisses, in: Walter, Peter (Hrsg.): Gottesrede in postsäkularer Kultur, Freiburg 2007, S. 19–52

37 »Unser Kind darf in keiner Mensa essen, in der Schweinefleisch oder nichtkoschere Speisen zubereitet werden!«

Religiös-kultureller Hintergrund

Der Verzehr von Schweinefleisch ist im Judentum und Islam verboten. Das Verbot des Verzehrs von Schweinefleisch ist in **Thora** und **Koran** sehr eindeutig.

Es gibt aber auch christliche Konfessionen, wie die äthiopische orthodoxe Tewahedo-Kirche, die das alttestamentarische Verbot des Schweinefleischverzehrs beachten. Das strikte Verbot des Verzehrs von Schweinefleisch wird von den meisten Muslimen beachtet.

Eine Forderung, dass in einer Mensa, in der Muslime essen, kein Schweinefleisch zubereitet werden soll, ist eine sehr weit reichende. Diese Forderung spiegelt die Angst von Muslimen wider, dass die islamischen Reinheitsgebote und Speisevorschriften von den Köchen und Mitarbeitern der Mensa wissentlich oder versehentlich missachtet werden. Ein grundsätzliches Verbot lässt sich in den islamischen Quellen nicht belegen. Exemplarisch hierfür kann folgende Prophetenüberlieferung herangezogen werden: „Er hat den Propheten gefragt: Wir sind Nachbarn von **Leuten des Buches**: Sie kochen in ihren Töpfen Schweinefleisch und trinken in ihren Gefäßen Wein. Er sagte: Wenn ihr andere Gefäße findet, dann esst und trinkt daraus. Wenn ihr keine anderen findet, dann wascht sie im Wasser aus, und esst und trinkt (daraus)."[85]

Die Unterscheidung in **koschere** (reine, erlaubte) und trefere (unreine, verbotene) Speisen wird traditionell der jüdischen Kultur zugeordnet. Vergleichbare Vorschriften, etwa bezüglich der Ausweisung „unreiner" Tiere und der Praxis des Schächtens, finden sich aber auch im Islam. Die Ausweisung erlaubter und nichterlaubter Tiere sowie das Verbot von Blut und die daraus resultierende Praxis des Schächtens (Ausbluten) wird vor allem aus den ersten fünf Büchern Moses (v.a. Lev 3:11) abgeleitet und hat von dort wohl auch seinen Weg in die islamische Tradition gefunden. Erlaubt sind vor allem wiederkäuende Paarhufer (Rinder, Ziegen) und deren Milch. Das Schwein, das zwar Paarhufer, aber nicht Wiederkäuer ist, gilt als besonders unrein. Weiterhin sind alle Schalentiere, seien es Meerestiere, Kriechtiere oder Insekten, verboten. Darüber hinaus gilt Blut als Hort der Seele, weshalb es weder vergossen noch verspeist werden darf. Eine koschere Zubereitung beinhaltet daher neben dem Ausbluten auch wiederholtes Waschen und intensives Salzen.
Die Trennung von Fleisch und Milch geht auf die Lehre einzelner Rabbiner zurück. Diese Forderung besagt, dass Milchprodukte und Fleisch nicht gemeinsam verzehrt werden dürfen. Die Forderung der Trennung dieser Erzeugnisse kann so weit gehen, dass verschiedene Töpfe, Geschirr und Besteck verwendet werden müssen bis hin zur getrennten Lagerung der Lebensmittel.

Alternative Deutungen

Es gestaltet sich schwierig, aus religiöser Perspektive ein alternatives Deutungsmuster anzubieten.

Rechtslage

Das Verbot, Schweinefleisch bzw. unkoschere Speisen zu essen, und die Pflicht, „erlaubtes" („**halal**" bzw. „**koscher**") Essen zu verzehren, entspringt einer religiös-kulturellen Pflicht, insbesondere der Muslime und Juden. Die Erziehungsberechtigten können im Rahmen der Ausübung ihrer elterlichen Sorge auf die Einhaltung dieser Werte bestehen. Dies entspricht dem grundrechtlich geschützten Recht der Eltern auf Erziehung (Art. 6 GG), das sich gegenüber ihren Kindern in der Personenrechtssorge (§ 1631 BGB) manifestiert, sowie der Religionsfreiheit (Art. 4 GG). Die Schule hat die religiösen Werte der Familie zu berücksichtigen. (Vgl.: „Unser Kind darf kein Schweinefleisch essen!")

Soweit in der Schule eine Essensversorgung angeboten wird, ist darauf zu achten, dass zum Schweinefleisch Alternativen angeboten werden. In Rheinland-Pfalz wurde im Jahr 2010 eine Lehrerin suspendiert, weil sie muslimischen Kindern versehentlich bei der Essensausgabe Schweinefleisch gegeben hatte. (Vgl.: „Unser Kind darf kein Schweinefleisch essen!") Allerdings geht das Recht der Eltern nicht so weit, dass die Schule etwa gehalten wäre, überhaupt kein Schweinefleisch in einer Mensa zuzubereiten, um religiös „erlaubte" Speisen anbieten zu können.

Anmerkungen und Empfehlungen

Es gehört zu den vom Grundgesetz geschützten Rechten der persönlichen Entfaltung, über die Art der persönlichen Nahrungsaufnahme zu entscheiden. Dies gilt auch für die Ernährung der eigenen Kinder, sofern eine ausreichende Versorgung mit Nährstoffen und Vitaminen gewährleistet wird. Gleichzeitig gibt es jedoch kein Recht darauf, mit Nahrung gemäß der persönlichen, religiösen oder kulturellen Präferenzen versorgt zu werden. Bei Schulküchen ist die Lage jedoch gleichwohl schwieriger. Insbesondere seit in Deutschland die Ganztagsschulen auf dem Vormarsch sind, lässt sich argumentieren, dass allen Schülern auch ein annehmbares Mittagessen angeboten werden sollte.

Längst wird hierbei auch auf die Neigungen größerer Gruppen wie Vegetarier oder Muslime Rücksicht genommen. Eine Ausschließlichkeit zu Gunsten einer Gruppe ist jedoch aus verschiedenen Gründen zurückzuweisen. Zum einen überfordern Spezialwünsche, wie etwa die Belieferung mit koscherem Fleisch, den finanziellen Spielrahmen der meisten Mensabetreiber. Zum anderen hat die ausschließliche Ausrichtung an einer Gruppe in der Regel die Benachteiligung einer anderen zur Folge. Eine Schulgemeinschaft kann natürlich beschließen, aus Solidarität mit Vegetariern oder Muslimen auf Fleisch im Allgemeinen oder eben nur auf Schweinefleisch gänzlich zu verzichten. Ein Recht auf diese Regelung existiert nicht. Als Kompromiss ließe sich anbieten, die Zubereitung von Fleisch und Gemüse strickt zu trennen und Pfannen, Töpfe, Teller und Besteck dementsprechend zu kennzeichnen.
Wird stets auch ein vegetarisches Gericht angeboten, so dürfte dies auch die meisten Muslime und Juden zufriedenstellen. Ist auch dies unbefriedigend, bleibt die Selbstversorgung.

85| Der Hadith. Urkunde der islamischen Tradition, Bd.III, übersetzt von Adel Theodor Khoury, Gütersloh 2009, S. 155

körper und kleidung

38 »Unser Sohn wird beschnitten, so gebietet es unsere Tradition!«

Religiös-kultureller Hintergrund

Die Beschneidung ist eine altorientalische Tradition, die von nahezu allen Muslimen und Juden befolgt wird.

Im **Koran** findet die Beschneidung keine Erwähnung. Auch in den Überlieferungen des **Propheten Muhammad** sind keine allgemein gültigen Aussagen zu diesem Thema zu finden. Muslime berufen sich auf das Vorbild des Propheten Abrahams, der sich nach islamischer Überlieferung selbst beschnitten haben soll. „Sprich: Gott sagt die Wahrheit. So folgt der Glaubensrichtung Abrahams, als Anhänger des reinen Glaubens. [...]" (Sure 3:95)
Nach jüdischer Tradition besiegelt die Beschneidung den Bund zwischen **JHWH** und dem Volk Israel und hat bis zum achten Tag nach der Geburt zu erfolgen: „Das ist mein Bund zwischen mir und euch samt deinen Nachkommen, den ihr halten sollt: Alles, was männlich ist unter euch, muss beschnitten werden. Am Fleisch eurer Vorhaut müsst ihr euch beschneiden lassen [...]. Alle männlichen Kinder bei euch müssen, sobald sie acht Tage alt sind, beschnitten werden." (1 Mos 17:10–14)

Obwohl sich die Beschneidung nicht aus den normativen Quellen des Islam ergeben, wird die Beschneidung von den meisten muslimischen Rechtsgelehrten und Gläubigen gleich einer religiösen Pflicht behandelt. Ein weiteres häufig auftretendes Argument für die Beschneidung ist der Hygienefaktor. Nach islamischer Auffassung wird das Gebet eines Gläubigen von Gott nur im Zustand der rituellen Reinheit anerkannt. Nicht beschnittenen Männern wird diese rituelle Reinheit abgesprochen. Daher wird häufig auf Konvertiten sozialer Druck ausgeübt, falls sie die Beschneidung nicht freiwillig vornehmen lassen wollen. Zudem ist es für viele muslimische Frauen schwer vorstellbar, einen nicht beschnittenen Mann zu ehelichen.

Das Beschneidungsalter muslimischer Jungen variiert. In einigen Regionen wird die Beschneidung in den ersten Tagen nach der Geburt vollzogen, in anderen Regionen erst nach ein paar Lebensjahren, aber spätestens vor Eintritt in die

Pubertät. Traditionell wurde die Beschneidung vom Barbier vollzogen, mittlerweile übernehmen vermehrt Ärzte diese Aufgabe.

Alternative Deutungen

Es gestaltet sich schwierig, aus religiöser Perspektive ein alternatives Deutungsmuster anzubieten.

Rechtslage

Jeder Eingriff in die körperliche Integrität setzt die Einwilligung des Betroffenen voraus. Bei Kindern entscheiden darüber die Erziehungsberechtigten. Diese wiederum müssen ihre Zustimmung an den Maßstäben des Gesetzes messen lassen. Die Zustimmung zu einem körperlichen Eingriff ihres Kindes darf keinen Missbrauch der elterlichen Sorge darstellen. Ein körperlicher Eingriff durch einen Arzt ohne Einwilligung des Patienten bzw. bei nicht einsichtsfähigen Kindern des Sorgeberechtigten stellt eine Körperverletzung dar.

Sobald das Kind einsichtsfähig ist, entscheidet es selbst. Für die Einsichtsfähigkeit gibt es keine klar definierten Altersgrenzen. Allerdings dürfte die Einsichtsfähigkeit in der Regel ab dem 14. Lebensjahr gegeben sein. Immer dann, wenn der Jugendliche nach Reife, Beurteilungsvermögen und Auffassungsgabe in der Lage ist, eine ärztliche Aufklärung und die Konsequenzen der Behandlung zu verstehen, muss die Entscheidung des Jugendlichen berücksichtigt werden. Dann kann der Jugendliche mit entsprechender Einsichtsfähigkeit selbst entscheiden, ob er einem solchen Eingriff zustimmt. Das bedeutet, dass die Eltern die Maßnahme nicht gegen den Willen des einsichtsfähigen Kindes durchführen dürfen.

Das Oberverwaltungsgerichts Frankfurt[86] hatte folgenden Fall zu entscheiden: Ein nicht sorgeberechtigter muslimischer Vater hatte die Beschneidung seines (nicht einsichtsfähigen) 12-jährigen Sohnes ohne die Zustimmung der erziehungsberechtigten nicht-muslimischen Mutter veranlasst. Der Sohn verklagte seinen Vater daraufhin auf Zahlung eines Schmerzensgeldes und bekam Recht. Denn der Eingriff wurde ohne Zustimmung der sorgeberechtigten Mutter durchgeführt und war daher rechtswidrig.

Das Gericht hat im Übrigen offen gelassen, ob generell und bis zu welchem Alter die Einwilligung zu einer Beschneidung durch die Eltern rechtens ist, also ob das Sorgerecht ihnen solche Einwilligungen zum Eingriff erlaubt. Die Beschneidung könne, auch wenn sie keine gesundheitlichen Nachteile mit sich bringe, im Einzelfall für das kulturell-religiöse und körperliche Selbstverständnis des Betroffenen von Bedeutung sein. Die Entscheidung hierüber falle deshalb in den Kernbereich des Rechts einer Person, über sich und ihr Leben zu bestimmen.

Ob die Beschneidung von Jungen ohne medizinische Notwendigkeit einen Missbrauch der elterlichen Sorge darstellt, ist umstritten, wird aber mittlerweile überwiegend bejaht.

Anmerkungen und Empfehlungen

Es ist kaum einzusehen, warum auf diesem Feld kein Kompromiss erzielt werden sollte. Die Beschneidung des männlichen Genitals gehört zu den einfachen chirurgischen Eingriffen und ist mit so deutlichen Vorteilen verbunden, dass beispielsweise in weiten Teilen der USA Jungen nach der Geburt wie selbstverständlich beschnitten werden. Auch in Deutschland zählt dieser Eingriff zum Standardangebot zahlreicher ambulanter und stationärer Kliniken. Sofern also die Zustimmung der Erziehungsberechtigten und des Kindes vorausgesetzt werden kann, bietet die Entfernung der männlichen Vorhaut wenig Anlass zum Konflikt. Gleichzeitig gebietet die Fürsorge für das physische und psychische Wohl des Kindes, den Eingriff unter bestmöglichen medizinischen Umständen vorzunehmen. Längst sind tausende jüdischer und muslimischer Eltern dazu übergegangen, den entsprechenden Eingriff durch Chirurgen vornehmen zu lassen.[87] Da der Eingriff auch ambulant erfolgen kann, steht selbst einer traditionellen Familienfeier nichts im Wege. Eltern, die trotz all dieser Angebote auf eine herkömmliche Beschneidung bestehen, müssen sich den Vorwurf gefallen lassen, das Wohl ihres Kindes hinter Traditionen und Kostenerwägungen zurückzustellen. Gleichzeitig sind alle pädagogischen und juristischen Maßnahmen geboten, zum Wohl des Kindes tätig zu werden.

86| Vgl. Oberlandesgericht Frankfurt a.M., Beschluss vom 21.8.2007 – 4 W 12/07 –
87| Auf Befragung erklärte eine Kinderchirurgie in Hamburg, jedes Jahr hunderte Beschneidungen an muslimischen Jungen vorzunehmen.

39 »Unsere Tochter wird beschnitten, so gebietet es unsere Tradition!«

Religiös-kultureller Hintergrund

Die Tradition der Frauenbeschneidung wird hauptsächlich in Afrika praktiziert, insbesondere in den Staaten Nordsudan, Somalia und Äthiopien ist diese Praxis weit verbreitet. Dabei sind verschiedene Formen der Frauenbeschneidung anzutreffen. Die Spannweite reicht hier von der Entfernung der Schamlippen bis zur Infibulation, dem Vernähen der beschnittenen Vagina. Der Ursprung dieser Tradition ist nicht bekannt. Frauenbeschneidung wird sowohl von Muslimen als auch von Christen praktiziert, aber auch bei Naturvölkern und den äthiopischen Juden ist sie verbreitet. In der islamischen Welt hat sich die Praxis in den letzten Jahrzehnten auch vermehrt im Nahen Osten und auf der arabischen Halbinsel verbreitet. Durch Migration hat sich die Tradition auch in anderen Regionen der Welt ausgedehnt.

Muslimische Befürworter der Frauenbeschneidung legitimieren diese Praxis mit Hinweis auf einen Prophetenausspruch. Demnach hat der Prophet Muhammad die Beschneidung der äußeren Schamlippen für erlaubt erklärt.[88]

Alternative Deutungen

Islamische Gelehrte sind sich weitgehend einig, dass der Prophetenausspruch, der die Frauenbeschneidung legitimiert, nicht authentisch ist oder zumindest ein großer Zweifel hierfür besteht.
Islamische Gegner der Frauenbeschneidung, unter anderem auch in der islamischen Welt anerkannte islamische Rechtsgelehrte wie seit jüngstem Yussuf al-Qaradawi[89] und Geistliche wie der Großmufti von Ägypten Ali Gomaa, sehen die Tradition der Frauenbeschneidung nicht im Einklang mit der islamischen Lehre. Es wird angeführt, dass es ein islamisches Gebot sei, keinem Menschen unbegründet Schaden zuzufügen. Die seelischen und körperlichen Schäden, die die Beschneidung einer Frau zufügt, sind aber durch die Erkenntnisse der modernen Wissenschaften erwiesen. Eine solche Tradition ist daher nicht mit dem Islam vereinbar, und Muslime sollten aktiv gegen diese Tradition vorgehen.

Rechtslage

Zweifellos unzulässig und ein Missbrauch der elterlichen Sorge, auch wenn mit Zustimmung der Erziehungsberechtigten erteilt, ist die weibliche Beschneidung, die einer Genitalverstümmelung gleichkommt. Dies stellt eine schwere Körperverletzung dar und ist strafbar.

Der Bundesgerichtshof[90] hatte zu entscheiden, ob einer Mutter das Aufenthaltsbestimmungsrecht entzogen werden kann, wenn die Gefahr besteht, dass sie ihre minderjährige Tochter nach Gambia zurückbringen lässt, wo dem Mädchen die Beschneidung droht. Die Vorinstanz hatte das Aufenthaltsbestimmungsrecht der Mutter dahingehend eingeschränkt, dass sie nicht mit dem Kind nach Gambia reisen dürfe. Der Bundesgerichtshof hat diese Entscheidung bestätigt und konstatiert, dass die Beschneidung eines Mädchens eine grausame, folgenschwere und durch nichts zu rechtfertigende Misshandlung darstellt, die mit dem Kindeswohl nicht zu vereinbaren ist.

Anmerkungen und Empfehlungen

Der Begriff „Genitalverstümmelung“ ist dem Geschehen angemessen und stellt die Eindeutigkeit der Situation heraus. Die Verstümmelung eines Menschen ist unter Einsatz aller Kräfte und mit aller Konsequenz zu verhindern.

88| Vgl. Der Hadith. Urkunde der islamischen Tradition, Bd.III, übersetzt von Adel Theodor Khoury, Gütersloh 2009, S. 180
89| Siehe hierzu: www.stopfgm.net/dox/090306-Preseportal-Schweiz_Fatwa%20Yusuf%20al-Qaradawi.pdf
90| Vgl. BGH, Urteil vom 15.12.2004 – XII ZB 166/03 –

40 »Unser Kind darf kein Schweinefleisch essen!«

Religiös-kultureller Hintergrund

Der Verzehr von Schweinefleisch ist im Judentum und Islam ausdrücklich verboten. Es gibt aber auch christliche Konfessionen, wie die äthiopisch-orthodoxe Tewahedo-Kirche, die das alttestamentarische Verbot des Schweinefleischverzehrs beachten. Zahlreiche Stellen der **Thora** und des **Korans** belegen dieses Verbot.

Muslime bezeichnen den Verzehr von Schweinefleisch als „haram". Als „haram" werden alle Lebensmittel bezeichnet, die Muslime nicht verzehren dürfen. Hierzu zählen nichtrituell geschlachtetes Fleisch, hingeschiedenes Tier und Blut sowie Schweinefleisch, also auch alle Produkte die Schweinefleisch beinhalten oder aus Schweinebestandteilen gewonnen werden (z.B. Gelatine oder Schweineschmalz). Ein Übertreten des Verbotes wird von den meisten Rechtsgelehrten und gläubigen Muslimen als Sünde bezeichnet. Das Essen von Schweinefleisch in Notfällen oder bei Unwissenheit wird nicht als Sünde betrachtet:
„Verboten hat Er euch nur Verendetes, Blut, Schweinefleisch und das, worüber ein anderer als Gott angerufen worden ist. Wer aber gezwungen wird, ohne dass er Auflehnung oder Übertretung begeht, den trifft keine Schuld. Gott ist voller Vergebung und barmherzig." (Sure 2:173)

Der Gegensatz zu „haram" ist „**halal**" (Erlaubtes), und für die Speisevorschriften im Islam gilt, dass grundsätzlich alle Speisen und Getränke erlaubt sind, die nicht ausdrücklich verboten sind bzw. den muslimischen Reinheitsgeboten entsprechen. Gläubige Muslime essen deshalb nur, was mit „halal" gekennzeichnet ist oder wenn sie sicher sind, dass die Produkte nicht gegen die Speisevorschriften verstoßen.

Im Judentum werden **koschere** (erlaubte) und trefere (verbotene) Speisen unterschieden. Erlaubt sind vor allem wiederkäuende Paarhufer (Rinder, Ziegen) und deren Milch. Das Schwein, das zwar Paarhufer, aber nicht Wiederkäuer ist, gilt als besonders unrein. Weiterhin sind alle Schalentiere, seien es Meerestiere, Kriechtiere oder Insekten, verboten.
Fleisch ist auf Grund des Blutverbotes nur „rein", wenn es geschächtet und koscher zubereitet ist.

Alternative Deutungen

Es gestaltet sich schwierig, aus religiöser Perspektive ein alternatives Deutungsmuster anzubieten.

Rechtslage

Das Verbot, Schweinefleisch zu essen, entspringt einer religiös-kulturellen Pflicht insbesondere der Muslime und Juden. Die Erziehungsberechtigten können im Rahmen der Ausübung ihrer elterlichen Sorge auf die Einhaltung dieser Werte bestehen. Dies entspricht dem grundrechtlich geschützten Recht der Eltern auf Erziehung (Art. 6 GG) sowie der Religionsfreiheit (Art. 4 GG). An Grenzen stößt diese Verpflichtung, wenn dadurch in die Rechte des Kindes oder anderer Personen eingegriffen wird. Insbesondere darf das Kind nicht mit unzulässigen Erziehungsmethoden, wie Gewalt oder anderer übermäßiger Bestrafung, zur Einhaltung gezwungen werden. Dies wäre ein Missbrauch der elterlichen Sorge (zu Inhalt und Grenzen der Personensorge § 1631 BGB).

Zudem ist ab dem 14. Lebensjahr die Religionsfreiheit des Kindes zu beachten, die ebenfalls von Art. 4 GG geschützt ist. Soweit das Kind alt genug ist, die Wahl seines Glaubens selbst zu bestimmen, sind die Eltern ebenso wie Lehrer gehalten, dies zu respektieren (siehe auch Info zu Art. 4 GG). Sollte das religionsmündige Kind sich also über das Verbot, bestimmte Lebensmittel zu verzehren, hinwegsetzen, muss dies von den Eltern akzeptiert werden.

Auch die Lehrer und die Schule haben das religiöse Verzehrverbot von Schweinefleisch zu respektieren. In Rheinland-Pfalz wurde im Jahr 2010 eine Lehrerin suspendiert, weil sie muslimischen Kindern versehentlich bei der Essensausgabe Schweinefleisch gegeben hatte. Ob die Suspendierung rechtmäßig ist, mag dahingestellt bleiben, zumal die Lehrerin ausweislich entsprechender Presseberichte wohl nicht absichtlich handelte. Der Vorfall hat aber die Gemüter nachhaltig erhitzt und türkische Eltern gegen die Schule aufgebracht. Seitdem wird an der betroffenen Schule kein Schweinefleisch mehr ausgegeben. Auch wenn einige christliche Eltern nun darin eine Diskriminierung sehen, kann dem nicht gefolgt werden. Es besteht kein Rechtsanspruch, dass Schülern beispielsweise in der Mensa Schweinefleisch angeboten werden muss. Wenn die Schule allerdings Mittagsessen anbietet, so muss sie in einem vertretbaren Maße auch auf die religiösen Essgewohnheiten ihrer Schüler Rücksicht nehmen. In multikulturellen Ballungszentren kann dies die Schule nicht nur beim Essen vor große Herausforderungen stellen.
Die Schule ist allerdings nicht dazu verpflichtet, Schweinefleisch vom Speiseplan zu streichen. Wie die Schule unter Berücksichtigung der religiösen Essgewohn-

heiten ihrer Schutzbefohlenen das Essensangebot gestaltet, bleibt ihr überlassen. Immerhin gibt es auch Religionen wie den Hinduismus, die wiederum das Essen von Rindfleisch verbieten.

Anmerkungen und Empfehlungen

Der von vielen Muslimen praktizierte Verzicht auf Schweinefleisch scheint erfolgreich in die Gesellschaft integriert worden zu sein. Beispielsweise achten Jugendherbergen darauf, Vegetariern und Muslimen eine Alternative anzubieten. Speziell bei der Planung von Klassenfahrten sollte der Lehrer vorab telefonisch Kontakt mit Jugendherbergen aufnehmen, um zu klären, inwiefern diese auf Speisevorschriften eingehen können. Sofern kein vegetarisches Gericht angeboten wird, sollte zumindest darauf bestanden werden, die Beilagen getrennt vom Fleisch zuzubereiten und zu servieren. Dort, wo diesem Bedürfnis noch immer mit Ignoranz begegnet wird, sollte daran erinnert werden, dass es den Straftatbestand der Nötigung erfüllen kann, einen Menschen gegen seinen Willen zur Aufnahme nicht überlebensnotwendiger Nahrungsmittel zu drängen. Auch das Erziehungsrecht der Eltern ist betroffen. Als Erziehungsberechtigten steht den Eltern das Recht zu, über die Nahrungszusammensetzung ihrer Kinder zu entscheiden. Das Verbot von Schweinefleisch stellt, ebenso wie das Verbot von Süßigkeiten oder Fleisch im Allgemeinen, keine Verletzung der Fürsorgepflicht dar, erst recht, weil die hinter dem Verbot von Schweinefleisch stehende Motivation sich auf die grundrechtlich geschützte Religionsfreiheit bezieht. Anders wäre die Sachlage zu beurteilen, wenn das Kind mit unzulässigen Erziehungsmitteln (wie körperlicher oder seelischer Gewalt) zur Einhaltung gezwungen wird. Das Grundgesetz gewährt Kindern ab ihrer Geburt die Fähigkeit, Träger von Grundrechten zu sein (siehe Info zu „Grundrechte"). Insbesondere das ebenfalls grundrechtlich geschützte Selbstbestimmungsrecht kann hier mit dem Erziehungsrecht der Eltern kollidieren. Je entwickelter und reifer das Kind ist, desto mehr kann und darf es selbst für sich entscheiden. Dies betrifft selbstverständlich auch die Nahrungsaufnahme. Ab dem 14. Lebensjahr sind Jugendliche im Übrigen religionsmündig und können damit auch aus diesem Grunde ein elterliches Verbot von Schweinefleisch missachten, wenn sie dem Glauben der Eltern nicht mehr folgen wollen. Die Entscheidung des Minderjährigen darf von den Eltern nicht bestraft werden. Im pädagogischen Alltag mag das Schweinefleischverbot einiger Schüler kleine organisatorische Schwierigkeiten, etwa bei der Gestaltung von Grillabenden oder Klassenreisen, mit sich bringen. Allerdings sind alternative Speisen in der Regel leicht zu beschaffen. Bei Grillabenden genügen in der Regel handelsübliche Aluminiumschalen, um den ungewollten Kontakt des Fleisches zu verhindern.

Grundsätzlich ist zu empfehlen: Wenn die Schule Speisen anbietet, seien es Pausenbrote, Verkauf am Kiosk oder Mittagessen, muss das Angebot eine klar ausgezeichnete Alternative für Muslime und Juden bieten, die nach allen Vorschriften verzehrt werden kann. Gleiches gilt auch für Klassenfahrten, für gemeinsame Grillabende, Schulfeste etc. Sehr strenggläubige Muslime lehnen es zudem ab, von Tellern zu essen, die jemals Schweinefleisch berührt haben.
Für Schulküchen besteht die Möglichkeit, zweifarbiges Geschirr einzuführen. Beispielsweise könnten weiße Teller garantieren, niemals Kontakt zu Schweinefleisch gehabt zu haben, während auf gelben Tellern auch Schweinefleisch serviert wird. Besteck ließe sich nach dieser Form ebenfalls in entsprechende Gruppen unterteilen.

41 »Unsere Tochter darf sich nicht die Fingernägel lackieren!«

Religiös-kultureller Hintergrund

Zwei Argumente werden vorgetragen, die aus islamischer Perspektive gegen das Tragen von Nagellack sprechen. Das erste betrifft das rituelle Gebet. Muslime sind aufgefordert, im Zustand der rituellen Reinheit das Gebet zu absolvieren. Hierzu ist es notwendig, sich in einem bestimmten Ritus und einer geistigen Hinwendung („niya“) mit fließendem Wasser zu waschen. Es gibt muslimische Gelehrte und Konservative, die die Meinung vertreten, dass das Tragen von Nagellack den Status der rituellen Reinheit verhindert, da Nagellack in der Regel Wasser undurchlässig ist und somit das fließende Wasser nicht die Finger- und Fußnägel erreichen kann.
Das zweite Argument betrifft das Geschlechterverhältnis im Islam und trifft die Problematik eher. Muslime und Muslima sind nach koranischer Lehre zu Sitt-

samkeit aufgefordert. Dies betrifft Haltung, Verhalten, Auftreten, Kleidung, Schmuck etc. Umfang dieser geforderten Sittsamkeit ist Interpretationssache. Unbestritten haben sich in der islamischen Welt eine Kultur der Geschlechtertrennung und eine Schamkultur entwickelt. Sexuelle Reize und auch das Zur-Schau-Stellen von Prunk in der Öffentlichkeit sind nach islamischer Lehre verpönt. Ob nun das Tragen von Nagellack in diese Kategorien fällt, wird naturgemäß unterschiedlich beantwortet, da es kein Verbot im Koran gibt.

Alternative Deutungen

Auch wenn es kein Verbot gegen das Tragen von Nagellack im Islam gibt, könnte gegen ein solche Forderung folgende Überlieferung herangetragen werden: „So berichtete **Aischa**, dass eine Frau von hinter dem Vorhang mit einem Brief in der Hand auf den Propheten zeigte. Er zog seine Hand zurück und sagte: ‚Ich weiß nicht, ist es die Hand eines Mannes oder die Hand einer Frau?' Sie antwortete: ‚Nein, es ist die Hand einer Frau.' So erwiderte er: ‚Wärest du eine Frau, du hättest doch deine Finger mit Henna verändert.'"[91]

Rechtslage

Das Verbot, sich die Fingernägel zu lackieren, unterliegt der Ausübung der elterlichen Sorge. Hinzu kommt, dass dieses Verbot einen kulturell-religiösen Ursprung hat. Die Eltern dürfen Religion und Erziehung ihrer Kinder selbst bestimmen, solange sie dabei nicht ihre elterliche Sorge missbrauchen. Dies könnte beispielsweise durch ein übermäßiges Einschränken des Selbstbestimmungsrechtes des Kindes („over-protection") indiziert sein. Allein das Verbot, sich die Fingernägel zu lackieren, hat aber keine rechtliche Relevanz, es sei denn, es geht mit nicht hinnehmbaren Sanktionen wie körperliche oder seelische Züchtigung einher.[92] Dies wäre sogar strafbar. Soweit über das Fingernägel lackieren hinaus körperliche Eingriffe zur Debatte stehen, wie etwa beim Ohrlochstechen, Tätowieren oder Piercen, bedarf es bis zur Vollendung des 18. Lebensjahres stets der Einwilligung der Eltern. Ein Verbot solcher Eingriffe durch die Eltern ist zweifellos zulässig und erforderlich. Denn eine Beeinträchtigung des Körpers ohne Zustimmung ist stets eine Körperverletzung. Das sich entwickelnde Selbstbestimmungsrecht des Jugendlichen stößt bei solchen körperlichen Eingriffen bis zur Volljährigkeit an seine Grenzen.

Anmerkungen und Empfehlungen

Die Erziehungshoheit der Eltern ist durch das Grundgesetz in Art. 6 geschützt. Als Erziehungsberechtigten steht den Eltern das Recht zu, über Lebensrhythmus, Kleidung, Nahrungszusammensetzung und auch Körperpflege und Körperschmuck ihrer Kinder zu entscheiden, solange dies die Fürsorgepflicht nicht verletzt. Dies wäre allenfalls bei überzogenen Verboten und extremer Kontrolle der Fall, was bei einem Verbot von Fingernägel lackieren sicher nicht der Fall ist. Je reifer die Minderjährigen werden, desto selbstbestimmter können und dürfen sie agieren. Etwa ist für das Färben von Haaren keine Zustimmung der Eltern mehr erforderlich. Hieraus ist zu schließen, dass auch das Lackieren von Fingernägeln jedenfalls ab Vollendung des 14. Lebensjahres dem Selbstbestimmungsrecht der Jugendlichen obliegt. Zudem ist darauf hinzuweisen, dass Eltern zwar Verbotsrechte, aber nur geringe Strafrechte haben. Eine 13-Jährige, die sich gegen den Willen der Eltern die Nägel lackiert, mag provozieren. Eltern, die schlagen, begehen eine Straftat.

91| Der Hadith. Urkunde der islamischen Tradition, Bd.III, übersetzt von Adel Theodor Khoury, Gütersloh 2009, S. 182
92| Zu Inhalt und Grenzen der Personensorge: § 1631 BGB

42 »Unser Kind darf im Fall eines Unfalls keine Blutspende erhalten!«

Religiös-kultureller Hintergrund

Die Zeugen Jehovas sind eine christliche Religionsgemeinschaft, die kirchlich organisiert ist. Sie hat ihren Ursprung in den Vereinigten Staaten. Anhänger der Zeugen Jehovas lehnen jede Form der Bluttransfusion ab, d.h. weder fremdes noch das eigene Blut darf dem Körper wieder zugeführt werden. Blutübertragung stellt nach ihrer Überzeugung einen „sündhaften“ und „geistig verunreinigenden“ Akt dar. Die theologische Begründung des Verbotes von Bluttransfusionen steht in Verbindung mit dem alttestamentarischen Verbot des Verzehrs von Blut: „Allein eßt das Fleisch nicht, das noch lebt in seinem Blut.“ (1 Mos 9:4) Hier wird eine Analogie zwischen Blut essen und Blut geben/nehmen hergestellt. Nach Ansicht der Zeugen Jehovas bestätigt das Neue Testament dieses Blutverbot:

„Dass ihr euch enthaltet vom Götzenopfer und vom Blut und vom Erstickten und von der Hurerei; so ihr euch vor diesen bewahrt, tut ihr recht. Gehabt euch wohl!“ (Apostelgeschichte 15:29)

Ein Zuwiderhandeln gegen dieses Verbot kann zur Folge haben, dass derjenige, der dieses Gebot übertritt, aus der Gemeinschaft ausgeschlossen und als Ungläubiger betrachtet wird. Allerdings hat sich mittlerweile in den eigenen Reihen der Glaubensgemeinschaft ein Widerstand gegen das Verbot von Bluttransfusionen formiert. Die Association of Jehova's Witnesses for Reform on Blood (www.ajwrb.org) setzt sich kritisch mit den Positionen der Watchtower Society in dieser Frage auseinander.

Alternative Deutungen

Religiösen Überzeugungen lässt sich nur schwer mit rationalen Argumenten begegnen. Dennoch kann darauf verwiesen werden, dass die **Bibel** durchaus andere Deutungen ermöglicht und diese Interpretation auch in einzelnen Gemeinden der Zeugen Jehovas akzeptiert wurde. Erstens konnte die Möglichkeit einer Bluttransfusion in der Heiligen Schrift noch gar keine Berücksichtigung finden. Zweitens sind die Achtung und der Erhalt des Lebens durch zahlreiche Bibelstellen als übergeordnetes Gebot ausgewiesen: „[...] ‚Ich habe Wohlgefallen an der Barmherzigkeit und nicht am Opfer‘ [...].“ (Mat 12:7)

Hans-Jürgen Twisselmann spricht in diesem Zusammenhang von einem „Denkfehler“ der Zeugen Jehovas: „Gottes Blutverbot betonte die Heiligkeit des Lebens. Tierblut zu essen, bedeutet daher, die Heiligkeit des Lebens geringzuschätzen. Blutspenden und Blutübertragen aber bedeutet, die Heiligkeit des Lebens zu achten und zu unterscheiden.[93]

Rechtslage

Erwachsenen steht es frei, sich gegen eine ärztliche Behandlung zu entscheiden. Eine Behandlung durch einen Arzt ohne Einwilligung des Patienten ist eine Körperverletzung. Daher muss ein Arzt die Entscheidung eines Patienten respektieren, selbst wenn sie unweigerlich in den Tod führt. Ohne Zustimmung darf der Arzt keine Behandlung durchführen.

Bei der Behandlung Minderjähriger sieht die Rechtslage etwas anders aus. Hier haben die Eltern das Recht und die Pflicht zur Personensorge ihrer Kinder (§ 1631 BGB). Dazu gehört auch die religiöse Erziehung. Grenzen sind allerdings dort zu ziehen, wo die Kinder in ihren Rechten verletzt und insbesondere einer (gesundheitlichen) Gefahr oder wie hier sogar der Gefahr des Todes ausgesetzt werden.
Soweit die Jugendlichen einsichtsfähig sind, können sie gegen den Willen der Eltern und der Ärzte über die Behandlung selbst entscheiden. Eine starre Grenze für die Einsichtsfähigkeit gibt es zwar nicht, allerdings dürfte diese in der Regel ab dem 14. Lebensjahr gegeben sein. Immer dann, wenn der Jugendliche nach Reife, Beurteilungsvermögen und Auffassungsgabe in der Lage ist, eine ärztliche Aufklärung und die Konsequenzen der (Nicht-)Behandlung zu verstehen, muss die Entscheidung des Jugendlichen berücksichtigt werden. In diesem Fall kann der Jugendliche mit entsprechender Einsichtsfähigkeit selbst entscheiden, welche medizinische Behandlung er will. In Notsituationen, in denen die nötige Einsichtsfähigkeit wohl eher fehlen dürfte, braucht darauf allerdings keine Rücksicht genommen werden. Ansonsten muss die Entscheidung des Minderjährigen vom Arzt beachtet werden, wenn seine Entscheidung gegen einen ärztlichen Eingriff wirklich ohne Druck von außen (wie durch Eltern, Mitglieder der Religionsgemeinschaft) getroffen wurde. Im Zweifel ist also eher davon auszugehen, dass der Jugendliche die Folgen einer Nichtbehandlung, die in den Tod führt, in aller Konsequenz nicht absehen kann. Nötigenfalls muss hier vom Arzt die Zustimmung durch das Gericht eingeholt werden.
Bei Kindern bis 14 Jahre dürfte die Einsichtsfähigkeit regelmäßig fehlen, d.h. sie können nicht selbst über die Behandlung bestimmen. Hier entscheiden die Eltern. Lehnen die Erziehungsberechtigten die Behandlung mittels Bluttransfusion ab, so stellt dies zweifellos einen Missbrauch der elterlichen Sorge dar. Das Recht des Kindes auf körperliche Unversehrtheit und das allgemeine Persönlichkeitsrecht gehen hier dem Personensorgerecht der Eltern vor. In solchen Fällen muss der Arzt vor der Behandlung die Genehmigung zum Eingriff vom Vormundschaftsgericht einholen, das die Zustimmung der Eltern zur Behandlung ersetzt. Nur in Notfällen, in denen diese Entscheidung zu spät käme, darf der Arzt die Entscheidung der Eltern gegen eine Behandlung ignorieren.

Die gesamte Problematik stellt sich vorrangig den behandelnden Ärzten. Betroffene Lehrer, die ein Kind oder einen Jugendlichen in einem Notfall vorfinden, haben sämtliche Maßnahmen zur Rettung zu treffen. Auf die religiösen Motive der Eltern bzw. des Kindes kann und muss in so einem Fall keine Rücksicht genommen werden. Im Gegenteil: Werden rettende Maßnahmen unterlassen, so kann dies eine strafbare unterlassene Hilfeleistung darstellen (§ 323c StGB) und auch arbeitsrechtliche Konsequenzen für den Lehrer haben.

Anmerkungen und Empfehlungen

Die Rechtslage ist in diesem Fall eindeutig. Erziehungsberechtigte und deren Stellvertreter sind zur Fürsorge verpflichtet, welche die medizinische Versorgung selbstverständlich mit einschließt. Die Verletzung dieser Fürsorgepflicht, etwa die Nichtbehandlung bei Unfällen, stellt den Straftatbestand der unterlassenen Hilfeleistung dar. Professionelle Stellvertreter der Erziehungsberechtigten wie Lehrer, Erzieher usw. haben in diesem Fall neben strafrechtlichen auch mit dienstrechtlichen Konsequenzen zu rechnen. Eltern droht neben strafrechtlicher Verfolgung auch der Entzug der Erziehungsberechtigung.

93| Twisselmann, Hans-Jürgen: Jehovas Zeugen – die Wahrheit, die frei macht? Gießen 1992, S. 59

43 »Unsere Tochter muss ein Kopftuch, einen Tschador oder eine Burka tragen!«

Religiös-kultureller Hintergrund

Der **Koran** selbst gibt keine exakten Forderungen zur Verschleierung der Frauen. Unberührt dieser Tatsache hat sich in dem islamischen Kulturraum eine Tradition der Verschleierung der Frauen entwickelt, die bis in die vorislamische Zeit zurückweist. Die Kleidervorschrift für Frauen wird aus Sure 24:31, 33:53 und 33:59 abgeleitet. Die verwendeten Begriffe hierfür sind **Hidschab**, **Khimar** und **Dschilbab**. Der Hidschab ist unter Muslima eine weit verbreitete Kopfbedeckung, die in der Regel Haar, Ohren, Hals und Schultern bedeckt, während das Gesicht frei bleibt. Unter einem Hidschab kann aber auch ein Ganzkörperschleier verstanden werden. Khimar und Dschilbab sind jeweils Oberbegriffe für sämtli-

che Kopfbedeckungen bzw. Verhüllungsgewänder der Frauen im Islam. Islamische Korangelehrte, Traditionsgelehrte und islamische Rechtsgelehrte sind sich weitgehend einig, dass eine Verschleierungspflicht für muslimische Frauen sich aus diesen drei Versen ergibt. Eine Reihe von **Ahadith** verweisen auf das Verschleierungsgebot. Nach einer Überlieferung von **Aischa** trat eine Tochter **Abu Bakrs** unverschleiert beim Propheten ein. Dieser wandte sich ab und sagte, dass Frauen, die das Menstruationsalter erreicht haben, nur das Gesicht und die Hände zeigen sollten.[94]
Das islamische Schleiergebot für Frauen ist in der Regel weit reichender als das in Deutschland anzutreffende Kopftuch. Die **Burka** ist eine Ganzkörperverschleierung. Diese Form der Verschleierung ist insbesondere in Afghanistan und Pakistan verbreitet. Die Burka besteht aus zwei Teilen, einem Körperschleier und einen Gesichtsschleier, der das Gesicht der Frau vollständig verdeckt.
In den Gesichtsschleier ist ein Sichtfenster eingenäht, dass es der Frau ermöglicht, zu sehen, ohne dass ihr Gesicht und ihre Augen gesehen werden können.
Im persischen Kulturraum, insbesondere im Iran, hat sich das Tragen eines **Tschadors** etabliert. Beim Tschador handelt es sich um ein großes, in der Regel dunkles Tuch, welches auf den Kopf aufgelegt wird und bis zum Boden reicht.
Das Tragen von „nur" einem Gesichtsschleier, dem **Nikab**, wurde von der schiitischen Regierung im Iran als unislamisch erklärt.[95]
Der Gesichtsschleier, der Nikab, ist in Saudi-Arabien und im Jemen sehr verbreitet. Es handelt sich hierbei um ein Tuch, das bis auf die Augenpartie das gesamte Gesicht verdeckt.
In Nordafrika tragen Frauen in der Öffentlichkeit in der Regel weite Tücher, die Haik oder Sari genannt werden.

Viele muslimische Frauen in Europa tragen den Schleier oder das Kopftuch „als sichtbares Zeichen ihres Bekenntnis zum Islam".[96] Emanzipation und Befreiung gegenüber religiöser Bevormundung durch das Elternhaus sind ebenso Motivation für das Tragen des Kopftuches. Muslimische Frauen der zweiten oder dritten Einwanderergeneration argumentieren hierbei gegen traditionalistische Lesarten des Islam, die den Frauen eine untergeordnete Rolle in der Familie zuschreiben und ihren Bereich auf die Privatsphäre zu reduzieren versuchen. Das Kopftuch wird getragen, um zu demonstrieren, dass sie ihre Religion ernst nehmen, aber zugleich eine andere Lesart des Islam vertreten, die die Rolle der Frau nicht auf die Privatsphäre reduziert. Dies ermöglicht diesen Frauen, eine berufliche Karriere einzuschlagen, sich im öffentlichen Raum freier von familiärer Bevormundung zu bewegen und am öffentlichen Leben teilzuhaben.[97]

Alternative Deutungen

Muslimische Frauen, die das Tragen des Schleiers oder des Kopftuchs ablehnen, begründen dieses ebenfalls mit den hier genannten Versen. Nach dieser berechtigten Lesart ergibt sich keine Schleierpflicht aus dem Korantext. So bezieht sich die Forderung nach Abschirmung der Frauen in Sure 33:53 einzig auf die Frauen des Propheten. Der in diesem Vers verwendete Begriff Hidschab bezeichnet zudem, wie Hartmut Bobzin in seiner Einführung „Der Koran" dargelegt hat, kein Kleidungsstück, sondern einen Vorhang oder eine Trennwand. Den Khimar sollen die gläubigen Frauen nach Sure 24:31 sich über den Halsausschnitt schlagen. Wie der Dschilbab zu tragen ist, erklärt Sure 33:59 auch nicht. Die allgemeine Forderung nach der Verschleierung der Frau ist eine spätere Entwicklung des islamischen Rechts und kein rein göttliches Gebot.[98]
So hat der ehemalige Großscheich der al-Azhar-Universität Muhammad Sayyid Tantawi im Jahr 2009 die Vollverschleierung als unislamisch erklärt und eine Schülerin aufgefordert, die Vollverschleierung zumindest in den Bildungseinrichtungen der al-Azhar und im Mädchenwohnheim abzulegen. Die al-Azhar in Kairo ist die bedeutendste islamische Bildungseinrichtung der islamischen Welt und wird von **sunnitischen Muslimen** als religiöse Autorität geachtet. Der Erklärung Tantawis folgte eine bis heute anhaltende hitzig geführte Kontroverse in der islamischen Welt über die Vollverschleierung. Der Ausgang dieser Kontroverse ist nicht abzusehen. Auf der einen Seite ist zu beobachten, dass die Vollverschleierung in Ägypten demonstrativ vermehrt getragen wird, anderseits haben sich viele prominente islamische Gelehrte und auch Politiker auf die Seite des ehemaligen Großscheichs geschlagen. Auf hochschulpolitischer Ebene wird darüber nachgedacht, ob ein Verbot des Vollschleiers für Lehrpersonal und Studentinnen durchzusetzen ist.

Rechtslage

Das Gebot der Eltern gegenüber ihrem Kind, ein Kopftuch, einen Tschador oder eine Burka zu tragen, unterliegt der Ausübung der elterlichen Sorge. Die Eltern dürfen Religion und Erziehung ihrer Kinder selbst bestimmen, solange sie dabei nicht ihre elterliche Sorge missbrauchen. Allein das religiöse Gebot, ein Kopftuch o Ä. zu tragen, hat für sich genommen daher keine rechtliche Relevanz, es sei denn, es geht mit nicht hinnehmbaren Sanktionen wie körperlicher oder seelischer Züchtigung einher.[99] Dies wäre sogar strafbar. In § 1631 II BGB heißt es: „Kinder haben ein Recht auf gewaltfreie Erziehung. Körperliche Bestrafungen, seelische Verletzungen und andere entwürdigende Maßnahmen sind unzulässig."

Das sich entwickelnde Selbstbestimmungsrecht der Jugendlichen erlaubt es Mädchen, mit zunehmendem Alter selbst zu bestimmen, was richtig für sie ist. Bei Kindern und Jugendlichen besteht das Selbstbestimmungsrecht unabhängig von den Eltern je nach Entwicklungsstand und Kontext.
Spätestens ab Religionsmündigkeit mit 14 Jahren (siehe Info zu Art. 4 GG) entscheidet das Mädchen allein über ihren Glauben und die damit verbundenen Handlungen. Das bedeutet, dass die Eltern ihr Kind nicht zur Ausübung der von ihnen gewünschten religiösen Handlungen verpflichten können.
Die Schule hat die religiösen Werte der Eltern und des Kindes zu respektieren. Denn die Schule ist bei der Umsetzung ihres Erziehungsauftrags zur weltanschaulichen und religiösen Neutralität verpflichtet.[100] Die religiöse Erziehung obliegt allein den Eltern.

Anmerkungen und Empfehlungen

Kleidervorschriften des Elternhauses sind ein sensibles Thema. Die Kleidungsvorschriften für Mädchen greifen in der Regel mit Einsetzen der Monatsblutung. Die Religionsmündigkeit beginnt zeitnah mit dem 14. Lebensjahr. Eine Zwangsverpflichtung junger Frauen ist nach diesem Zeitpunkt weder moralisch noch juristisch zu rechtfertigen. Die junge Frau hat vollen Anspruch auf Schutz und Beistand des Rechtstaates. Wird das Kleidungsstück freiwillig und selbstbestimmt gewählt, hat die Frau ebenso viel Recht auf Schutz vor Anfeindung und Diskriminierung.

In der Praxis ist diese Unterscheidung weit schwieriger. Wann ist eine Entscheidung wirklich selbstbestimmt? Wann handelt es sich um Einbildung, wann um Trotz? Wann beginnt sozialer Druck von der einen oder anderen Seite?

In den letzten Jahren ist eine zunehmende Anzahl junger Frauen zu verzeichnen, die insbesondere das Kopftuch sehr offensiv tragen und vertreten. Hier scheint es sich um jene wünschenswerte Selbstbestimmung zu handeln. Gleichzeitig ist es an zahlreichen Schulen in Deutschland gängige Praxis, dass sich junge muslimische Frauen und Mädchen vor der ersten Stunde oder während der ersten großen Pause umziehen. Erst nach der letzten Stunde wird wieder die Kleidung angelegt, mit der das Elternhaus verlassen wurde.

Schulische Bildung in der offenen Gesellschaft hat die Aufgabe, Alternativen vorzustellen und zu diskutieren. Jeder Einzelne wird so befähigt, sich auf seine Urteilsfähigkeit zu besinnen und den Grad seiner Selbstbestimmung selbst nachhaltig zu prüfen. Wenn muslimische Jugendliche, insbesondere Mädchen, ihre Rolle und Eigenständigkeit sowie ihre religiöse Bindung durch eine bestimmte Art der Kleidung oder ein Kopftuch ausdrücken wollen, ist dies anzuerkennen. Dies gilt es auch den Mitschülern zu vermitteln, um Spott und Vorwürfen vorzubeugen. Bei aller Offenheit sind jedoch auch hier die Grenzen aufzuzeigen. Besonders im Falle einer Verhüllung des ganzen Körpers sollte verdeutlicht werden, dass hier die eigenen kulturellen Bedürfnisse eindeutig über die Bedürfnisse der Mehrheitsgesellschaft gestellt werden. Wird hier also jenes Prinzip der Toleranz verletzt, das man für sich selbst so vehement in Anspruch nimmt? Selbstverständlich würden wir es für eine Unverschämtheit und eine unsensible Provokation halten, wenn eine westliche Frau im knappen Bikini durch eine muslimisch geprägte Stadt stolzieren würde. Die gilt besonders dann, wenn diese Dame jenen Ort als Gastland oder gar als neues Heimatland gewählt hätte. Wer nun aber in einer freiheitlichen westlichen Gesellschaft auf die vollständige Verschleierung besteht, sollte wissen, dass der Mehrheitsgesellschaft hier eine vergleichbare Provokation zugemutet wird.

94| Diese Überlieferung ist bei Abu Dawud überliefert. Siehe auch: Der Hadith. Urkunde der islamischen Tradition, Bd.III, übersetzt von Adel Theodor Khoury, Gütersloh 2009, S. 179

95| Vgl. Halm, Heinz: Der Islam: Geschichte und Gegenwart, München 2007[7], S. 83

96| Ebd.

97| Vgl. Göle, Nilüfer: Die sichtbare Präsenz des Islam und die Grenzen der Öffentlichkeit, in: Göle, Nilüfer; Ammann, Ludwig: Islam in Sicht. Der Auftritt von Muslimen im öffentlichen Raum, Bielefeld 2004, S. 11–44; Wadud, Amina: Qur'an and woman. Rereading the sacred text from a woman's perspective, New York 1999; Mernissi, Fatima: Herrscherinnen unter dem Halbmond, Die verdrängte Macht der Frauen im Islam, Freiburg (u.a.) 2004

98| Vgl. Bobzin, Hartmut: Der Koran. Eine Einführung, München 2007[7], S.79ff.

99| Zu Inhalt und Grenzen der Personensorge: § 1631 BGB

100| Vgl. BVerfGE 93, 17

44 »Unser Kind darf auch von gleichgeschlechtlichen Menschen niemals nackt gesehen werden!«

Religiös-kultureller Hintergrund

In der islamischen Welt haben sich eine Kultur der Geschlechtertrennung und eine Schamkultur entwickelt, die sich nicht zwingend aus dem **Koran** ergeben, sich aber auf diese Quellen zu berufen wissen. Den Körper jenseits des privaten Raumes zu präsentieren, ist im Islam verpönt. Wer wen legitimerweise nackt sehen darf, ist stark reglementiert (vgl.: „Unsere Tochter nimmt nicht am Schwimmunterricht teil!"). Diese Form der Körper- und Schamkultur ist ein prägender Teil der islamischen Sozialisation. Islamisch sozialisierten Männer und Frauen fällt ein offener Umgang mit dem eigenen und auch dem anderen Körper jenseits der Privatheit schwer.

Alternative Deutungen

Es gestaltet sehr schwierig, aus religiöser Perspektive ein alternatives Deutungsmuster anzubieten. Auch wenn im Koran kein explizites Verbot gegenüber einer Nacktheit vor gleichgeschlechtlichen Menschen ausgesprochen ist, so bieten folgende Verse eine hierfür fundierte islamische Begründung: „Sprich zu den gläubigen Männern, sie sollen ihre Blicke senken und ihre Scham bewahren. Das ist lauterer für sie. Gott hat Kenntnis von dem, was sie machen. Und sprich zu den gläubigen Frauen, sie sollen ihre Blicke senken und ihre Scham bewahren [...]. Sie sollen ihre Schleier auf den Kleiderausschnitt schlagen und ihren Schmuck nicht offen zeigen, es sei denn ihren Ehegatten, ihren Vätern, den Vätern ihrer Ehegatten, ihren Söhnen, den Söhnen ihrer Ehegatten, ihren Brüdern, den Söhnen ihrer Brüder und den Söhnen ihrer Schwestern, [...] den männlichen Gefolgsleuten, die keinen Trieb mehr haben, den Kindern, die die Blöße der Frau nicht beachten. [...]" (Sure 24:30,31)

Rechtslage

Rechtlich ist gegen dieses Gebot seitens der Eltern nichts einzuwenden. Das Begehren unterliegt dem grundrechtlich geschützten Recht der Eltern auf Erziehung (Art. 6 GG) sowie der Glaubens- und Religionsfreiheit (Art. 4 GG). Gegenüber ihren Kindern haben die Eltern die Personensorge (§ 1631 BGB). Ein Missbrauch dieser Rechte stellt ihre Forderung nicht dar. Die Eltern dürfen auch gegenüber ihrem Kind im Rahmen der elterlichen Sorge Gebote auferlegen, soweit sie damit nicht in Rechte des Kindes eingreifen. Die Schule sollte zur Einhaltung des Gebots Sorge dafür tragen, dass betroffene Kinder nach dem Sport- oder Schwimmunterricht nötigenfalls einzeln duschen können.

Anmerkungen und Empfehlungen

Parallel zur zunehmenden Sexualisierung der Alltagswelt ist eine erstaunliche Zunahme keuschen Verhaltens auch bei nichtreligiös geprägten Schülern zu beobachten. In den 1980er- und 1990er-Jahren war es weitgehend selbstverständlich, dass geschlechterhomogene Gruppen nach dem Sport- oder Schwimmunterricht gemeinsam duschten. Ausnahmen keuscher Zurückhaltung beschränkten sich in der Regel auf die Zeit der **Adoleszenz**. Heute ist es sogar bei Oberstufenschülern zu beobachten, dass diese nur in Badehose oder Unterhose kollektiv Duschräume benutzen.

Schule und Pädagogik ist hier in 2-facher Weise gefordert. Zum einen sollte der Wunsch von Schülern nach Intimität geschützt werden. Es versteht sich von selbst, dass der Abbau von Hemmungen nicht erzwungen werden kann. Einzelduschen und Einzelumkleiden machen eine Realisierung in der Regel problemlos möglich. Zum anderen sollten Pädagogen darum bemüht sein, einen selbstverständlichen und freien, selbstbewussten Umgang mit Körperlichkeit zu befördern und die Übertragung von Hemmungen auf Mitschüler zu unterbinden. Überzeugend erscheint das Beispiel einer Gesamtschullehrerin aus Hamburg. Diese hat einer streng muslimischen Schülerin ihres Schwimmkurses die Lehrerumkleide samt Einzeldusche überlassen, um selbst ganz selbstverständlich zusammen mit den anderen Schülerinnen zu duschen.

Mann und Frau

© ullstein bild - Yavuz Arslan

45 »Frauen haben sich dem Mann unterzuordnen!«

Religiös-kultureller Hintergrund

Patriarchalische und chauvinistische Vorstellungen entstammen vielen Quellen. Hierzu gehören sowohl biologistische (Recht des Stärkeren) als auch religiöse und kulturelle Traditionen.

In der christlichen Tradition hat eine sehr einseitige Auslegung des ersten Buches Moses (Genesis) zu einer Abwertung der Frau beigetragen. Adam und Eva repräsentieren den Dualismus von Geist und Fleisch im menschlichen Wesen. Adam steht für das Innere, das geistige Prinzip. Das hebräische Wort „sachor" bedeutet sowohl „männlich" als auch „erinnern". Eva steht für das äußere Prinzip, die Leiblichkeit. Also jenen Teil, der sich als schwach und verführbar erwiesen hat. Die Notwendigkeit einer Herrschaft des Geistes über das „Fleisch" findet sich bei Paulus: „Welche aber Christo angehören, die kreuzigen ihr Fleisch samt den Lüsten und Begierden. So wir im Geist leben, so lasset uns auch im Geist wandeln." (Gal 5:24f).
Hinzu kommt, dass Eva aus Adams Rippe erschaffen wurde. Besitzanspruch und Verfügungsgewalt über den eigenen Körperteil scheint da auf der Hand zu liegen. Die leibliche Züchtigung der Frau wurde im christlichen Abendland über Jahrhunderte als legitimes Recht des Mannes angesehen. Auch sei daran erinnert, dass noch zu Beginn der Bundesrepublik dem Ehemann eine finanzielle Vormundschaft gegenüber seiner Frau eingeräumt wurde.

Im Islam ist diese Traditionslinie so nicht zu finden. Im **Koran** begehen Adam und Eva gemeinsam und zu gleichen Teilen den Sündenfall (Sure 7:22). Auch wird ihnen zu gleichen Teilen vergeben (Sure 2:37). Gleichwohl werden Textpassagen wie Sure 4:34 für die Legitimation einer Vormachtstellung des Mannes herangezogen:
„Die Männer haben Vollmacht und Verantwortung gegenüber den Frauen, weil Gott die einen vor den anderen bevorzugt hat und weil sie von ihrem Vermögen (für die Frauen) ausgeben. Die rechtschaffenen (Frauen) sind demütig ergeben und bewahren das, was geheimgehalten werden soll, da Gott (es) bewahrt.

Ermahnt diejenigen, von denen ihr Widerspenstigkeit befürchtet, und entfernt euch von ihnen in den Schlafgemächern, und schlagt sie. Wenn sie euch gehorchen, dann wendet nichts gegen sie an. Gott ist erhaben und groß."

Alternative Deutungen

Den biologistischen Ansätzen ist entgegenzuhalten, dass Evolution nicht die Lehre vom Recht des Stärkeren, sondern vom Überleben des Anpassungsfähigeren ist. Ein entscheidender Faktor für den Erfolg der menschlichen Gattung war dessen Kommunikations- und Kooperationsfähigkeit. Tugenden, die sehr oft mit Weiblichkeit in Verbindung gebracht werden.
Auch die christliche Schöpfungsgeschichte führt nicht notwendig zu einer untergeordneten Stellung der Frau. Eva aß als Erste vom Baum der Erkenntnis. Wäre es demnach also nicht durchaus möglich, dass Frauen von Natur aus klüger sind als Männer? Selbst die Geschichte der Erschaffung Evas aus der Rippe des Adams muss nicht zu einem nachgeordneten Status der Frau führen, könnte man diesen Akt doch – medizinisch betrachtet – mit dem Klonen vergleichen. Ein Klon mag zwar eine Reproduktion seines Lebensspenders mit den gleichen Erbanlagen sein, einen geringeren „Wert" hat er deshalb aber per se nicht. Zudem ist es ganz offensichtlich, dass Evas Beschaffenheit weit von den Eigenschaften des Adam abweicht und somit Individualität zeigt.
Über die inhaltliche Bedeutung des oben genannten Koranvers wird unter Muslimen kontrovers debattiert (vgl.: „Ob meine Frau weiter zur Schule geht, bestimme ich!"). Eine Unterordnung der Frau im Islam ergibt sich nicht selbsterklärend. Bis zum 20. Jahrhundert wurden der **Koran** und die **Ahadith** in den meist patriarchalisch strukturierten islamischen Gesellschaften von Männern interpretiert. Diese Tatsache spiegelt sich auch in den Interpretationen wider. Reformer vertreten jedoch die Auffassung, dass jener Koranvers, der die Männer begünstigt, im Licht der sozialen, kulturellen und wirtschaftlichen Realitäten des 21. Jahrhunderts neu gedeutet werden müsste. Denn der Koran betont ja auch die Gleichheit von Mann und Frau. Sie sind religiös gleichgestellt und haben die gleichen Rechte und Pflichten. In Sure 4, die den Beinamen „die Frauen" trägt, wird gleich zu Beginn betont, dass Gott alle Menschen aus einem einzigen Wesen schuf. Wenn man nicht geneigt ist, den Koran mit einer patriarchalen Brille zu lesen, finden sich eine Reihe von Beispielen, die eine solche Lesart unterstreichen.

In Sure 27:20-44 wird von der Bekehrung der Königin von Saba zum Monotheismus in aller Ehrfurcht vor ihrer Weisheit und Fähigkeiten als Herrscherin berichtet. Ebenso findet sich im Koran die Geschichte von der Frau des Pharaos, die Moses rettete und seine Ziehmutter wurde. Sie widersetzte sich den Anweisungen des Herrschers, ihrem Ehemann. Sie wird gleich Maria, der Mutter Jesus, als Vorbild der Gottergebenheit und Rechtschaffenheit von den Muslimen verehrt. Auch die Überlieferungen des Propheten bieten eine Reihe von Ansatzpunkten, die gegen eine Unterordnung der Frauen im Islam argumentieren. Hier wird z.B. die Geschichte von Umm Waraqa erzählt. Der Prophet hat demnach Umm Waraqa damit beauftragt, das Freitagsgebet zu leiten und die Freitagspredigt zu halten. Der Prophet soll ihr einen Muezzin zur Seite gestellt haben, der die Gläubigen zum Gebet rufen sollte. Nicht zu vergessen sind die bedeutenden frühislamischen Frauen. So wäre nach islamischer Überlieferung die Prophetie **Muhammads** ohne die Unterstützung und Zuneigung seiner ersten Frau Khadidscha nicht denkbar gewesen. Demnach war Khadidscha eine bedeutende Geschäftsfrau in **Mekka**, die Muhammad zunächst als Karavanenführer engagierte.[101] Auch das Auftreten **Aischas** in der Öffentlichkeit, ihr politisches und religiöses Engagement ist für die Entwicklung des Islam von großer Bedeutung gewesen.

Rechtslage

Bei der rechtlichen Bewertung dieser Äußerung ist auf zwei Ebenen zu unterscheiden: auf der staatlichen und auf der privatrechtlichen.

Auf der Ebene zwischen Staat und Bürger ist der Gleichbehandlungsgrundsatz aus Art. 3 GG zu berücksichtigen:
(1) Alle Menschen sind vor dem Gesetz gleich.
(2) Männer und Frauen sind gleichberechtigt. Der Staat fördert die tatsächliche Durchsetzung der Gleichberechtigung von Frauen und Männern und wirkt auf die Beseitigung bestehender Nachteile hin.
(3) Niemand darf wegen seines Geschlechts, seiner Abstammung, seiner Rasse, seiner Sprache, seiner Heimat und Herkunft, seines Glaubens, seiner religiösen oder politischen Anschauungen benachteiligt oder bevorzugt werden. Niemand darf wegen seiner Behinderung benachteiligt werden.
Daraus ergibt sich eine eindeutige Wertung des Grundgesetzes, Männer und Frauen gleich zu behandeln. Für den Staat und seine Institutionen bedeutet

dies, dass er gegenüber den Bürgern diesen Gleichheitsgrundsatz stets zu berücksichtigen hat.
Aber auch auf privatrechtlicher Ebene zwischen Bürgern (zur Unterscheidung von öffentlichem Recht und Privatrecht siehe Info) gibt es heute[102] keine gesetzliche Rechtfertigung für eine Ungleichbehandlung zwischen Frauen und Männern mehr.
Daraus folgt: Aus rechtlicher Sicht ist es nicht zu beanstanden, wenn die Eltern ihren Kindern eine entsprechende Wertung vermitteln (Meinungsfreiheit). Jeder kann in einem Rechtsstaat nach seinen Überzeugungen leben und seinen Kindern entsprechendes Wissen vermitteln, soweit er nicht in die Rechte anderer eingreift. Solange sich Frauen diesem Diktat dann freiwillig unterordnen (und nicht etwa mit Gewalt dazu gezwungen werden), ist rechtlich dagegen nichts einzuwenden. Gleiches gilt für die Vermittlung dieser moralischen Werte an die Kinder.
Auf der anderen Seite können die Eltern indes nicht von der Schule verlangen, dass im Unterricht eine entsprechend einseitige und dem Grundgesetz zuwiderlaufende Wertevermittlung vermittelt wird. Erst recht nicht, da die Schule als öffentlich-rechtliche Einrichtung unmittelbar an das Grundgesetz und die damit verbundenen Werten gebunden ist.

Art. 7 I GG regelt den staatlichen Bildungs- und Erziehungsauftrag, der gleichberechtigt[103] neben dem elterlichen Erziehungsrecht aus Art. 6 II GG steht. Zum staatlichen Auftrag zählen die Organisation, Leitung und Planung (insbesondere auch die inhaltliche Festlegung des Unterrichts). Dabei ist die Schule nicht nur zur Wissensvermittlung verpflichtet, sondern darf und soll das Kind zu einem selbstverantwortlichen Mitglied der Gesellschaft ausbilden. Die Schule ist bei der Umsetzung dieses Auftrags zur weltanschaulichen und religiösen Neutralität verpflichtet, was ein Verbot der Indoktrinierung beinhaltet. Sie ist darüber hinaus zur Zurückhaltung, Offenheit und Toleranz gehalten.[104]

Anmerkungen und Empfehlungen

Die freiheitliche Gesellschaft darf und kann keine Grundhaltungen akzeptieren, die die Grundrechte der Hälfte ihrer Mitglieder ablehnen. Grundrechte sind Individualrechte. Rücksicht gegenüber kulturellen Traditionen ist demgegenüber ein nachgeordnetes Gut. Gleichzeitig kann Freiheit nicht erzwungen werden. Es ist weder durchsetzbar noch wünschenswert, jeder Ehefrau zu verbieten, hinter ihrem Mann zu gehen. Allerdings gilt auch: Jede Frau, die ihre Gleichberechtigung einklagt, hat das Anrecht auf sofortige Solidarität der Gemeinschaft und den Schutz des Staates. Global betrachtet wird der Wandel Geduld erfordern. Der entscheidende Motor des Wandels ist die Bildung und Ausbildung. Gleichberechtigung muss daher zu jedem Zeitpunkt unmissverständliches Grundrecht und erklärtes Ziel der öffentlichen Bildung sein.

101| Vgl. Ibn Ishaq, Muhammad: Das Leben des Propheten, aus dem Arabischen von Gernot Rotter, Kandern im Schwarzwald 2008[4], S. 38ff., 49, 90ff.

102| Erst am 31. März 1953 traten in der Bundesrepublik alle Bestimmungen des Bürgerlichen Gesetzbuches außer Kraft, die zu dem Grundgesetzartikel 3 II GG in Widerspruch standen, namentlich Verwaltung des Vermögens der Ehefrau durch den Ehemann (§ 1363 BGB a. F.), Entscheidungsrecht des Ehemanns in ehelichen Angelegenheiten (§ 1354 BGB a. F.) und Wahrnehmung der elterlichen Sorge durch den Vater (§ 1627 BGB a. F.).

103| Vgl. BVerfGE 41, 29

104| Vgl. BVerfGE 93, 17

46 »Unser Sohn gibt einer Frau nicht die Hand!«

Religiös-kultureller Hintergrund

Nach der islamischen Glaubenslehre ist die Berührung zwischen fremden Männern und Frauen untersagt. Dies ist nur im engen Verwandtenkreis erlaubt.

Sure 24:30-31 fordert von den Gläubigen, ihre Blicke zu senken und die Scham zu bewahren. Wenn der (intensive) Blickkontakt zwischen Männern und Frauen untersagt ist, dann sind in Analogie hierzu Berührungen zwischen Männern und Frauen, die nicht verwandt sind, verboten.

Sure 33:21 betont den Vorbildcharakter des **Propheten Muhammad** für die Muslime. Die Überlieferungen zu den Handlungen des Propheten Muhammad und seine Aussprüche zeigen deutlich, dass er niemals einer nichtverwandten Frau die Hand gegeben hat. Dieses Verbot ist ein Konsens der islamischen Rechtsgelehrten und somit bindend für alle Muslime.

Das Verweigern des Händeschüttelns ist keine Herabwürdigung des Gegenübers und soll auch nicht dessen Gefühle verletzen. Aber der **Koran** lehrt, dass Unzucht schändlich ist. Und der Pfad der Unzucht beginnt mit einer Berührung.

Alternative Deutungen

Im Koran gibt es keinen Vers, der das Handgeben zwischen Männern und Frauen untersagt. Auch dass der Prophet keiner Frau die Hand gegeben hat, bedeutet nicht, dass Muslimen dieses untersagt ist. Der Prophet Muhammad hat Vorbildcharakter für Muslime, aber in erster Linie in Glaubensfragen und nicht zwingend in Fragen der Lebenspraxis. Der Islam wäre keine Universalreligion, wenn er nicht auf geografische und zeitliche Unterschiede pragmatische Anpassungen ermöglichen würde. Nur die wenigsten Muslime würden auf Knoblauch verzichten, weil der **Prophet Muhammad** es nicht gegessen hat. Ebenso würden nur die wenigsten Muslime sich heute mit einem **Miswak** die Zähne putzen oder mit dem Kamel reiten oder sich anziehen, wie es der Prophet Muhammad dies im siebten Jahrhundert getan hat. Dies ist eine Engführung des Islam. Der Islam ist nicht das, was im siebten Jahrhundert auf der arabischen Halbinsel Usus war. Zudem ist es auch in einigen islamischen Mehrheitsgesellschaften wie in Tunesien üblich, dass sich Männer und Frauen zur Begrüßung die Hand reichen. Der Koran betont, dass die Menschheit geschaffen wurde, um einander kennen zu lernen (Sure 49:13). Das heißt auch, dass Männer und Frauen einander kennen lernen sollen. Nach koranischer Weltanschauung sind Mann und Frau gleich. Sie wurden aus einem einzigen Wesen erschaffen (Sure 4:1). Die vorherrschende Geschlechtertrennung im Islam, um Unzucht in der Gesellschaft zu verhindern und Keuschheit zu bewahren, ergibt sich nicht zwingend aus den normativen Quellen des Islam.

Rechtslage

Aus rechtlicher Sicht steht die religiös motivierte Verweigerung des Handschlags im Spannungsverhältnis verschiedener Grundrechte.

Die Motivation des Verhaltens ist zunächst von der Religionsfreiheit (Art 4 GG) gedeckt. Diese stößt nur dann an ihre Grenzen, wenn die Ausübung Rechte

anderer verletzt. Jeder Bürger kann im gesellschaftlichen Zusammenleben über sein Verhalten im Umgang mit Anderen und damit auch über die Form der Begrüßung selbst entscheiden. Das gebietet bereits das Selbstbestimmungsrecht des Menschen, das ebenfalls grundrechtlich geschützt ist (Art. 2 GG). Für Kinder und Jugendliche gilt das Selbstbestimmungsrecht je nach Entwicklungsstand und Kontext auch unabhängig von ihren Erziehungsberechtigten.
Auch das Selbstbestimmungsrecht stößt nur dann an seine Grenzen, wenn es in Rechte anderer eingreift.
Insofern stellt die Weigerung des Handgebens per se keine Rechtsverletzung dar, weil durch dieses Verhalten keine Rechte der Frau bzw. Lehrerin verletzt werden.
Nur wenn das Unterlassen des Handgebens mit beleidigendem Verhalten (Mittelfinger zeigen) oder Worten einhergeht („Du bist als Frauen minderwertig"), kann dies je nach Einzelfall strafrechtliche und zivilrechtliche Folgen haben. Ein solches abwertendes Verhalten hätte mit der Religionsfreiheit ebenso wie mit den Religionsgeboten nichts mehr zu tun. Die religiösen Motive enthalten keine Missachtung der Frau, sondern das Verbot des Körperkontaktes. Insofern kann sich der Täter hier auch nicht auf religiöse Motive berufen. Auch unterliegen Beleidigungen nicht mehr der Meinungsfreiheit des Art. 5 GG.
Unter einer strafrechtlichen Beleidigung (§ 185 StGB) versteht man die Kundgabe der Miss- oder Nichtachtung einer anderen Person, die ehrverletzend sein muss. Bloße Unhöflichkeiten sind nicht ausreichend. Eine solche Missachtung wäre bei der Abwertung als minderwertige Person zweifelsfrei gegeben.
Auf dem Zivilrechtsweg könnte je nach den Einzelumständen auch ein Unterlassungsanspruch wegen ehrverletzender Äußerungen geltend gemacht werden.

Zu hinterfragen wäre noch, inwieweit Eltern ihre Kinder zu einer Weigerung des Handgebens aus religiösen Gründen verpflichten können. Die Erziehung der Kinder ist nach Art. 6 GG vorrangiges Recht und die Pflicht der Eltern, sodass diese auch die religiöse Erziehung und die damit verbundene Verhaltensweisen vorgeben dürfen. Aber auch hier werden die Eltern in ihrem Recht auf Erziehung von dem Recht des Kindes auf Selbstbestimmung und Religionsfreiheit begrenzt. Zur Religionsfreiheit gehört auch die „negative" Religionsfreiheit, nämlich nicht zu glauben und auch glaubensmotivierte Verhaltensweisen zu unterlassen. Jugendliche können ab dem 14. Lebensjahr ihre Religion selbst bestimmen, sodass die Erziehungsbefugnis der Eltern hier endet.

Pädagogen dürfen und müssen daher den Wunsch des Jugendlichen nach seiner eigenen Glaubensfreiheit gegen den Willen der Eltern respektieren.

Anmerkungen und Empfehlungen

Die Problematik des Händeschüttelns beschreibt ein gängiges Problem der pädagogischen Praxis und tritt nicht selten im Schulalltag, aber auch bei Elternabenden oder Elterngesprächen zu Tage. Eine differenzierte Betrachtung ist angemessen. Das Grundgesetz der Bundesrepublik Deutschland schreibt vor, dass niemand auf Grund seiner kulturellen oder religiösen Orientierung diskriminiert werden darf. Gleichzeitig berechtigt natürlich keine religiöse oder kulturelle Überzeugung dazu, andere zu diskriminieren. Verboten ist die Herabwürdigung der Person. Es besteht allerdings kein Anrecht auf Körperkontakt oder auf eine bestimmte Form der Begrüßung. Entscheidend ist somit die Art der Begründung.

Würde die Begründung lauten: „Ich gebe meiner Lehrerin nicht die Hand, weil sie eine Frau und damit minderwertig ist", so wäre diesem Verhalten massiv entgegenzutreten.

Wie oben dargestellt, folgt die traditionelle Begründung jedoch einer anderen Argumentation. Sie lautet: „Ich gebe meiner Lehrerin nicht die Hand, da meine Religion mir den Körperkontakt mit Frauen untersagt." Diese Grundhaltung stellt keine Diskriminierung der Lehrerin dar. Vielmehr greift der Schutz der kulturellen Individualität. Niemand käme auf die Idee, Asiaten die Begrüßung mit gefalteten Händen zu verbieten bzw. diese Praxis als Diskriminierung von Nicht-Asiaten zu betrachten.

Gleichwohl sollte beachtet werden, dass derartige Auflagen leicht missverstanden werden und in wichtigen Situationen wie Streitschlichtung oder Bewerbungsgesprächen große Nachteile mit sich bringen. Die Suche nach alternativen Interpretationen der religiösen Tradition erscheint somit aus sozialpädagogischer Perspektive sinnvoll.

47 »Wen und wann unser Kind heiratet, das bestimmt die Familie!«

Religiös-kultureller Hintergrund

Zwangsehen kommen in den unterschiedlichen Kulturen und Religionen vor. Nicht selten wird versucht, diese religiös zu legitimieren. Letztlich sind die Motive aber vielschichtiger: Eltern möchten ihre Kinder möglichst früh verheiraten, damit sie jungfräulich in die Ehe gehen, die Familienehre nicht gefährdet und die Sexualität in „erlaubte" Bahnen gelenkt wird. Auch finanzielle Interessen der Eltern („Brautpreis"), die Stabilisierung von familiären Verbindungen (Heiratspolitik) oder der Wunsch nach einer statusgerechten Heirat können Gründe für eine Zwangsehe sein.

In Deutschland wird die Zwangsverheiratung in erster Linie als Problem von Menschen mit türkischem Migrationshintergrund in Verbindung gebracht. Es sind aber auch Fälle von Zwangsehen bei Personen aus asiatischen, afrikanischen oder osteuropäischen Ländern bekannt. Das Phänomen der Zwangsheirat beschränkt sich nicht auf den islamischen Kulturkreis, ist also keine Frage der Nationalität oder der Religion. Die Ursachen liegen vielmehr in patriarchalischen Familienstrukturen. Denn Zwangsehen kommen häufig in Familien mit einem traditionell-patriarchalischen Rollen- und Familienverständnis vor.

Alternative Deutungen

Es gestaltet sich schwierig, ein alternatives Deutungsmuster anzubieten.

Rechtslage

Eltern dürfen die Erziehung ihrer Kinder vom Grundprinzip selbst bestimmen, solange sie dabei nicht ihre elterliche Sorge missbrauchen (§ 1631 BGB). Allerdings widerspricht die Aussage „Wen und wann unser Kind heiratet, das bestimmt die Familie!" der Wertung unseres Grundgesetzes und der allgemeinen Menschenrechte überhaupt. Das gilt insbesondere dann, wenn die daraus resultierenden Konsequenzen schlimmstenfalls zu einer Zwangsverheiratung des Kindes führen.

Auch Kinder und Jugendliche haben ein Selbstbestimmungsrecht. Das sich entwickelnde Selbstbestimmungsrecht des Jugendlichen erlaubt diesem, mit zunehmendem Alter selbst zu entscheiden, was für ihn richtig ist und mit welchen Menschen er zusammen sein will. Bei Kindern und Jugendlichen besteht das Selbstbestimmungsrecht unabhängig von den Eltern je nach Entwicklungsstand und Kontext. Jedenfalls mit 14 Jahren dürfte das Selbstbestimmungsrecht hinsichtlich aller Lebensbereiche überwiegend ausgeprägt sein. Gerade hinsichtlich der Partnerwahl dürfen Jugendliche selbst entscheiden. Selbstverständlich dürfen die Eltern ihre Kinder nicht zu einer Heirat drängen. Eine Zwangsheirat würde im Übrigen definitiv eine Kindeswohlgefährdung darstellen. Sie ist darüber hinaus nach § 237 StGB strafbar. In Deutschland ist für die Heirat eines Minderjährigen ohnehin die Zustimmung des Familiengerichts erforderlich. Unter welchen Voraussetzungen Minderjährige nach deutschem Recht überhaupt heiraten dürfen, ist ausführlicher bei „Unsere Tochter darf keinen Angehörigen einer anderen Religion heiraten!" dargestellt.

Anmerkungen und Empfehlungen

Wie in allen Dingen, so lohnt es sich auch in dieser Frage zu differenzieren. Viele ältere Europäer werden sich noch daran erinnern, bei ihren späteren Schwiegereltern um die Hand der Tochter angehalten zu haben. Allerdings darf dieses Ritual nicht darüber hinwegtäuschen, dass die Zustimmung der Braut notwendige Voraussetzung für den erfolgreichen Antrag war. Sofern diese Voraussetzung allen Beteiligten bewusst ist, reduziert sich die Werbung auf eine harmlose Tradition, die von einigen als kitschig und von anderen als romantisch angesehen werden mag. Wird die Selbstbestimmung der Braut jedoch missachtet, so sind alle Mitglieder der Zivilgesellschaft dazu aufgerufen, das Geschehen beim Namen zu nennen: Es handelt sich um eine Zwangsverheiratung. Dies schließt auch alle Arten von Versprechungen oder Ehezusagen mit ein, an denen die Versprochenen nicht beteiligt waren oder auf Grund ihres Alters nicht beteiligt sein konnten. In Deutschland dürfen Minderjährige ab 16 Jahren nur mit Zustimmung des Familiengerichts heiraten, der zukünftige Ehegatte muss darüber hinaus volljährig sein (§ 1303 BGB). Die Erziehungsberechtigten können der Genehmigung durch das Familiengericht widersprechen. Im Umkehrschluss bedeutet dies jedoch nicht, dass nur die Eltern zustimmen müssen oder dass Volljährige nicht auch ohne Zustimmung der Eltern heiraten dürften (vgl.: Unsere Tochter darf keinen Angehörigen einer anderen Religion heiraten!").

In der pädagogischen und sozialen Arbeit mit Betroffenen stellt Zwangsverheiratung eine besondere Herausforderung dar. Juristisch ist die Vorbereitung dieser Straftat kaum nachzuweisen, und die Beteiligten sind oftmals verstrickt in ein Gewirr von Erwartungen, Manipulation, Pflichtgefühl und Orientierungslosigkeit. Zudem hat die Verweigerung oftmals irreversible Folgen, die von sozialer Ausgrenzung bis zur existenziellen Bedrohung führen können. In entsprechenden „akuten" Situationen sei daher dringend angeraten, erfahrene Gesprächspartner hinzuzuziehen. Beratungsmöglichkeiten für Betroffene und Helfer bieten Frauenhäuser und Jugendämter. In einigen Großstädten existieren Frauenhäuser, die sich auf die Problematik von Zwangshochzeiten und muslimischer Mädchen spezialisiert haben. Eine Anlaufstation für betroffene Jungen besteht nicht. Insbesondere im Extremfall einer „Flucht" aus der eigenen Familie sind eine Vielzahl von Dingen zu bedenken, die unbedingt professionell bedacht und geplant werden sollten.

Pädagogischen Einrichtungen wie der Schule kommen in diesen Fällen ein besonderes Potenzial zu. Hier lassen sich geschützte Gespräche mit Beratern organisieren. Hier können nach und nach Kleidungsstücke für eine Erstausstattung hinterlegt werden. Vor allem aber kann die Schule den Personalausweis und andere wichtige Papiere einfordern und zumindest Kopien anfertigen. Wünschenswert ist natürlich, bereits im Vorfeld einer akuten Krisensituation verschiedene Aspekte rund um die Zwangsheirat im Unterricht aufzugreifen. So kann beispielsweise im Politikunterricht über Menschenrechte gesprochen werden, im Rahmen der Sexualerziehung können Themen wie sexuelle Selbstbestimmung sowie verschiedene Partnerschaftmodelle in den Fokus gerückt werden. Wichtig ist, dass den Schülern immer wieder deutlich gemacht wird, dass ihre Rechte auf ein selbstbestimmtes Leben das der freien Partnerwahl miteinschließt. Das Thema Zwangsverheiratung sollte, um die Fokussierung auf Jugendliche mit Migrationshintergrund zu verhindern, im Kontext „Häuslicher Gewalt bzw. familiäre Gewalt" behandelt werden.

48 »Unsere Tochter darf keinen Angehörigen einer anderen Religion heiraten!«

Religiös-kultureller Hintergrund

Im Islam stellt sich bei der Frage hinsichtlich einer Beziehung oder Eheschließung mit einem andersgläubigen Partner zunächst folgende Frage: Ist der andersgläubige Partner Polytheist, also ungläubig, oder ist er Jude oder Christ? Denn der **Koran** verbietet dem muslimischen Mann und der muslimischen Frau grundsätzlich die Heirat mit einem polytheistischen Partner (vgl. Sure 2:221). Der muslimischen Frau ist, im Gegensatz zum Mann, auch die Heirat mit einem Juden oder Christen verboten. Zur Begründung dieses Verbots wird auf Sure 60:10 des Korans verwiesen. Islamische Gelehrte begründen diese Ungleichbehandlung von Mann und Frau mit folgenden zwei Argumenten:
Der Islam ist eine monotheistische Religion, die das Christentum und das Judentum als Teil ihrer Offenbarungsreligion erachten. Demnach sind muslimische Männer verpflichtet, der gläubigen Ehepartnerin mit Respekt gegenüber zu treten und ihr die freie Religionsausübung zu ermöglichen:
„(Erlaubt sind) auch die unter Schutz gestellten gläubigen Frauen aus den Reihen derer, denen vor euch das Buch zugekommen ist […].“ (Sure 5:5)
Das zweite Argument betrifft die Nichtanerkennung des Korans und des **Propheten Muhammads** als Gesandter Gottes. Weder Christen noch Juden erkennen die islamische Offenbarung als Teil der göttlichen Offenbarung an. Nach Ansicht der meisten Rechtsgelehrten ist daher die freie Religionsausübung der muslimischen Frau bei einer Verbindung mit einem Andersgläubigen gefährdet.

Alternative Deutungen

Der Koran schließt Eheverhältnisse zwischen einer Muslima und einem Nicht-Muslim nicht explizit aus. Wenn die freie Ausübung der Religion gewährleistet ist, so gibt es auch keinen Grund, eine solche Verbindung auszuschließen. Zudem gab und gibt es eine Reihe von glücklichen und respektvollen ehelichen Verbindungen zwischen muslimischen Frauen und Nicht-Muslimen, die zeigen, dass ein gänzliches Verbot übertrieben ist. Ehen zwischen muslimischen Frauen und Christen sind in Äthiopien und Eritrea gut belegt, womit zumindest ein regionaler Unterschied in der Auslegung aufgezeigt ist.

Rechtslage

Die Heirat eines Minderjährigen ist vom Gesetz als Ausnahmefall geregelt. Eine Ehe soll nicht vor Eintritt der Volljährigkeit eingegangen werden, heißt es in § 1303 I BGB. Ausnahmsweise kann das Familiengericht einer Heirat eines mindestens 16 Jahre alten Minderjährigen zustimmen, unter der Voraussetzung, dass der zukünftige Ehepartner bereits volljährig ist. Allerdings bedarf es einer konkreten Rechtfertigung dafür, dass ausnahmsweise bereits ein Minderjähriger heiraten darf. Entscheidend ist dabei allein das Wohl des Minderjährigen. Der heiratswillige Minderjährige muss die für eine Ehe erforderliche charakterliche Reife besitzen und die Tragweite seiner Entscheidung absehen können. Dies zu beurteilen, obliegt allein dem Gericht.

Erteilt das Gericht die Zustimmung, so ist die Heirat auch gegen den Willen der Erziehungsberechtigten möglich. Widersprechen diese der Zustimmung (§ 1303 III BGB), kann sich das Gericht darüber hinwegsetzen, wenn der Widerspruch nicht auf „triftigen Gründen" beruht, also solchen Gründen, die dem Wohl des Minderjährigen dienen. Die Interessen der Eltern sind dabei nicht maßgeblich. Sollte also ein Jugendlicher heiraten wollen, und das Gericht erteilt ihm die Zustimmung dafür, dann ist ein Widerspruch der Eltern mit der Begründung der zukünftige Ehepartner habe nicht die richtige Religion vom Gericht nicht zu beachten. (Vgl.: „Wen und wann unser Kind heiratet, das bestimmt die Familie!")

Anmerkungen und Empfehlungen

Den vorangegangenen Ausführungen ist hier wenig hinzuzufügen (vgl.: „Wen und wann unser Kind heiratet, das bestimmt die Familie!"). Zentrale Aufgabe von Pädagogik, Sozialhilfe und Justiz ist es, die Selbstbestimmung der Frau zu schützen.
Es sei jedoch angemerkt, dass Frauen von dieser Auflage wesentlich härter betroffen sind als Männer. Eheschließungen zwischen muslimischen Männern und nicht-muslimischen Frauen haben in Deutschland deutlich zugenommen.

Ehen zwischen muslimischen Frauen und nicht-muslimischen Männern zählen hingegen zur absoluten Seltenheit und sind oftmals mit drakonischen sozialen Sanktionen für die Frau verbunden. Dahinter offenbart sich die patriarchalische Vorstellung, wonach die Frau und auch die gemeinsamen Kinder den religiösen Vorstellungen des Mannes zu folgen haben. Ein Prinzip, das ebenso frauenfeindlich wie integrationsfeindlich ist.

49 »Ob meine Frau weiter zur Schule geht, bestimme ich!«

Religiös-kultureller Hintergrund

Diese Überzeugung wird von konservativen muslimischen Traditionalisten und fundamentalistischen **Salafisten** vorgetragen. Sie berufen sich auf folgenden Koranvers:
„Die Männer haben Vollmacht und Verantwortung gegenüber den Frauen, weil Gott die einen vor den anderen bevorzugt hat und weil sie von ihrem Vermögen (für die Frauen) ausgeben. Die rechtschaffenen (Frauen) sind demütig ergeben und bewahren das, was geheimgehalten werden soll, da Gott (es) bewahrt. [...]" (Sure 4:34)
Dieser Vers aus dem **Koran** steht im Zentrum für die Begründung der Unterordnung der Frau im Islam. Traditionalisten, und häufig auch Fundamentalisten, lesen die Unterordnung der Frau unter den Willen des Mannes hieraus ab. Nach diesem göttlichen Urteil ist der Mann in der Ehe der Versorger. Ihm obliegen die Vollmacht und Verantwortung in der Familie. Die Frau ist in der Ehe die demütig Ergebene und die Bewahrerin der Geheimnisse. Die Verantwortung liegt beim Mann, da er der physisch stärkere ist, „die einen vor dem anderen bevorzugt". Ihm kommt die Aufgabe zu, in den öffentlichen Raum zu treten und sich um den Broterwerb zu kümmern. Zudem ist der Mann verpflichtet, für den Familienunterhalt aufzukommen. Er ist verpflichtet, der Frau eine Brautgabe zu zahlen, deren Höhe sie selbst bestimmen darf, damit sie im Falle des Todes des Mannes oder einer Scheidung abgesichert ist. In einer Ehe kann es nur eine Leitung geben.

Zwei Anführer würden in jedem Unternehmen, Betrieb und eben auch in der Familie zu Unordnung führen.[105]

Im Koran lassen sich noch weitere Belegstellen finden, die für eine Unterordnung der Frau im Islam argumentieren. Folgt man einer solchen Lesart, so hat der Ehemann das Recht, zu entscheiden, inwieweit die Ehefrau am öffentlichen Leben teilhaben darf.

Muslime, die einer solchen Argumentation folgen, erachten dies häufig nicht als eine Unterordnung der Frauen. Es wird betont, dass Männer und Frauen von Gott gewollt ungleich und zueinander komplementär sind, also sich zu ergänzen haben.

Alternative Deutungen

Zur inhaltlichen Bedeutung und „alternativen“ Auslegung des oben zitierten Koranverses, siehe Ausführungen bei „Frauen haben sich dem Mann unterzuordnen!“.

Ergänzend sei an dieser Stelle darauf verwiesen, dass Bildung im Islam ein hohes Gut darstellt. Der in der islamischen Welt berühmte Ausspruch des Propheten, ob authentisch oder nicht, spielt hier keine Rolle, bezeugt dies ausdrücklich: „Suchet das Wissen und sei es in China.“ Alle Gläubigen, also auch Frauen, sollen sich bemühen, sich Wissen anzueignen. Der Islam hatte seine Hochphasen, als seine Vertreter in der Lage waren, sich das Wissen anderer Kulturen anzueignen und weiterzuentwickeln. Muslime übernahmen das indische Zahlensystem und entwickelten es weiter zu unserem heutigen Dezimalsystem. Gleiches gilt für die Algebra. Ähnlich eigneten sich Muslime, Christen und Juden unter islamischer Herrschaft die griechische Philosophie und Geometrie an, bewahrten dieses Wissen vor dem Vergessen und integrierten es in die eigene Theologie und Philosophie. Weitere solche Beispiele lassen sich auch in der Architektur, Agrikultur, Astronomie, Schifffahrt, Chemie und vielen anderen Bereichen anführen.

Rechtslage

Im Rahmen der in Deutschland bestehenden Schulpflicht können die Eltern nicht über die Frage bestimmen, ob ihr Kind und wie lange es zur Schule geht. Die Eltern sind zur Überwachung der Schulpflicht auf Grund der Schulgesetze der Länder gehalten. Kommen sie dieser Pflicht nicht nach, kann dies in Einzelfällen mit einem Bußgeld geahndet werden. Allerdings betrifft das nur die gesetzlich festgelegte Dauer der Schulpflicht von in der Regel neun und in einigen Bundesländern zehn Schulbesuchsjahren. Dennoch müssen die Eltern auch danach aus rechtlicher Sicht die Wünsche und Begabungen des Kindes bei der Wahl der Ausbildung berücksichtigen. Sollte das Kind weiter zur Schule gehen wollen und von der Begabung auch können, so ist das von den Eltern zu fördern.

In § 1631a BGB heißt es: „In Angelegenheiten der Ausbildung und des Berufs nehmen die Eltern insbesondere auf Eignung und Neigung des Kindes Rücksicht. Bestehen Zweifel, so soll der Rat eines Lehrers oder einer anderen geeigneten Person eingeholt werden." Sollten die Eltern darauf keine Rücksicht nehmen und dadurch die Entwicklung und das Wohl des Kindes gefährdet sein, so kann sogar das Familiengericht (§ 1666 BGB) eingeschaltet werden.

Anmerkungen und Empfehlungen

Entsprechenden Grundhaltungen sollte in allen Teilen der Zivilgesellschaft entschieden entgegengetreten werden. Pädagogen sind oftmals mit der Heirat ihrer Schülerinnen und deren unmittelbaren Konsequenzen konfrontiert. Nicht selten beginnt hier ein Teufelskreis. Abbruch oder Beendigung der Schullaufbahn verstärken die Abhängigkeit der Frau von ihrem Mann und verfestigen jene Strukturen, die es zu überwinden gilt. Sofern die Betroffene das neunte Schuljahr beendet hat und den massiven Konflikt mit ihrem Mann scheut, bleibt nur das Gespräch als Interventionsmöglichkeit.

Im Sinne einer kommunikativen Annäherung ist es sinnvoll und nur fair, darauf zu verweisen, dass auch in der deutschen Alltagskultur und Rechtsprechung patriarchalische Strukturen lange nachwirkten. Dies gilt für die notwendige Zustimmung des Mannes zur Berufstätigkeit seiner Frau ebenso wie für die finanzielle Vormundschaft. Dennoch dürfen keine Missverständnisse aufkommen: Damals wie heute verstoßen entsprechende Regelungen gegen den Geist des Grundgesetzes. Wer seiner Frau gegen ihren Willen den Zugang zu Bildung verweigert, macht sich der Nötigung und oder Freiheitsberaubung schuldig.

105| Die hier angeführte Argumentation lehnt an Yussuf al-Qaradawis Ausführungen in seiner Sendung „Das Leben und die Scharia" an. Diese Sendung wird in arabischer Sprache regelmäßig beim Satellitensender Al-Dschasira ausgestrahlt.

50 »Eine Frau muss ihrem Ehemann auch sexuell zu Willen sein!«

Religiös-kultureller Hintergrund

„Eure Frauen sind für euch ein Saatfeld. Geht zu eurem Saatfeld, wo immer ihr wollt. [...]" (Sure 2:223)
Dieser Vers wird angeführt, um anzuzeigen, dass die Frau im Islam dem Mann zur sexuellen Verfügung zu stehen hat. Bestärkt wird diese Auslegung durch Sure 4:34:
„Die Männer haben Vollmacht und Verantwortung gegenüber den Frauen, weil Gott die einen vor den anderen bevorzugt hat und weil sie von ihrem Vermögen (für die Frauen) ausgeben. Die rechtschaffenen (Frauen) sind demütig ergeben und bewahren das, was geheimgehalten werden soll, da Gott (es) bewahrt. [...]." Zur innerislamischen Debatte zur Auslegung dieses Verses siehe den Beitrag „Ob meine Frau weiter zur Schule geht, bestimme ich!"

Alternative Deutungen

Doch so einfach ist es nicht. Die oben dargelegte Lesart zeugt von einem „eingeschränkten" Wissen über den Islam, gleichgültig ob das Argument von Islamgegnern oder Muslimen vorgetragen wird.

Die Ehe im Islam ist eine Vertragsbeziehung. Männer und Frauen haben Rechte und Pflichten. Die sexuelle Befriedigung gehört zum Recht beider Vertragsparteien. Die Nichterfüllung der sexuellen Befriedigung gilt nach islamischem Recht als Scheidungsgrund auch für Frauen. Unberührt der Tatsache, dass auf Grund der patriarchalen Entwicklung innerhalb islamischer Gesellschaften das Einreichen der Scheidung für muslimische Frauen schwieriger ist als für Männer.

Der oben zitierte Vers, so die einhellige Meinung der islamischen Rechtsgehrten und islamischen Koran- und Traditionsforscher, besagt, dass Muslimen erlaubt sei, in den verschiedenen Positionen, an unterschiedlichen Orten und zu jeder Tages- und Nachtzeit den Geschlechtsverkehr zu vollziehen. Hierzu wird folgende Überlieferung zur Untermauerung in Bezug gesetzt: „Die Juden pflegen zu sagen: Wenn der Mann mit seiner Frau in ihrem Geschlechtsteil, aber von hinten ver-

kehrt, dann wird das Kind schielen. Da kam der Vers herab: ‚Eure Frauen sind für euch ein Saatfeld. Geht zu eurem Saatfeld, wo immer ihr wollt. Und schickt für euch (etwas Gutes) voraus [die Anrufung Gottes, Anm. der Autoren].
Und fürchtet Gott und wisst, dass ihr ihm begegnen werdet. Und verkünde den Gläubigen die Frohe Botschaft.'"[106]

Rechtslage

Soweit mit dieser These auch der erzwungene Beischlaf gemeint sein soll, ist darin zweifellos eine Vergewaltigung zu sehen. Das Recht auf sexuelle Selbstbestimmung ist nicht teilbar. Es wird auch durch eine Eheschließung weder beseitigt noch eingeschränkt.
Während bis 1997 das deutsche Strafgesetz nach § 177 StGB nur die außereheliche Vergewaltigung unter Strafe stellte, ist heute auch der Ehemann mit Strafe bedroht, der seiner Frau sexuelle Gewalt antut. Es gibt demnach keinen Freibrief mehr für Ehemänner. Auch für sie gelten die „normalen" Strafen für Vergewaltigung und sexuelle Nötigung. Aber auch außerhalb eines gewaltsamen Eingriffs in das sexuelle Selbstbestimmungsrecht der Frau ist die Aussage rechtlich problematisch. Denn es wird von der Frau eine „freiwillige" Aufgabe ihres Selbstbestimmungsrechts (Art. 2 I, 1 I GG) verlangt.

Die Schule darf und sollte hier entgegentreten und die Werte unseres Grundgesetzes vermitteln.

Anmerkungen und Empfehlungen

Seit der Strafrechtsreform in Deutschland im Jahr 1997 zählt auch „Vergewaltigung in der Ehe" als Straftatbestand. Insbesondere Fächer wie Politik und Sozialkunde, aber auch Sexualerziehung können hier zur notwendigen Klarheit beitragen. Das Ausbleiben von Sexualität mag ein legitimer Scheidungsgrund sein, erzwungene Sexualität ist innerhalb wie außerhalb der Ehe eine Straftat.

106| Der Hadith. Urkunde der islamischen Tradition, Bd.III, übersetzt von Adel Theodor Khoury, Gütersloh 2009, S. 37

Hintergrundinfo zum Grundgesetz

Grundgesetz (GG)

Die **Grundrechte** als grundlegende, individuelle Rechte mit Verfassungsrang verinnerlichen die unabdingbaren Grundwerte unserer Gesellschaft. Alle nachrangigen Gesetze müssen sich an den Grundrechten orientieren, also grundrechtskonform sein.
Die Grundrechte binden den Staat unmittelbar und begrenzen seine Macht gegenüber dem Einzelnen. Für den Bürger sind die Grundrechte subjektive Abwehrrechte gegen den Staat. Zugleich enthalten die Grundrechte eine objektive Wertentscheidung der Verfassung. Jegliches staatliches Handeln und jedes Gesetz muss sich an den Grundrechten messen lassen.
Die Grundrechte gelten damit aber nicht unmittelbar im **Privatrecht**. Ein Bürger kann sich also nicht an ein Gericht mit dem Anliegen wenden, ein anderer Bürger habe ihn in seinem Grundrecht verletzt. Die Grundrechte können sich aber auf das Verhältnis der Bürger untereinander mittelbar auswirken (so genannte „Drittwirkung"). Eine Drittwirkung der Grundrechte besteht, wenn ihre Schutzwirkung sich in der Auslegung der Gesetze durch die Gerichte entfaltet. Beispielsweise fließen die Grundrechte bei der Auslegung unbestimmter Rechtsbegriffe wie „Treu und Glauben" (§ 242 BGB) oder der „Sittenwidrigkeit" (§ 138 BGB) ins Privatrecht ein. Insbesondere auch im Arbeitsrecht finden sich grundrechtsmotivierte Diskriminierungsverbote.
Das Allgemeine Gleichbehandlungsgesetz (AGG) ist ein Gesetzeswerk zur Konkretisierung des Grundrechts auf Gleichbehandlung aus Art. 3 GG im Privatrecht. Auch in strafrechtlichen Verboten, wie z.B. der Beleidigung, sind Grundrechte verankert (allgemeines Persönlichkeitsrecht, Art. 2 I, i.V.m. Art. 1 I GG).

Grundrechtsfähigkeit/Grundrechtsmündigkeit

Der Grundrechtsschutz ist vom Alter des Menschen unabhängig. Daher sind Kinder ab ihrer Geburt Träger der Grundrechte (Grundrechtsfähigkeit). Bereits vorgeburtlich greift das Grundrecht aus Art. 1 (Menschenwürde) und Art. 2 II (Recht auf körperliche Unversehrtheit) für das werdende Leben, wie sich insbesondere in der verfassungsrechtlichen Diskussion um den Schwangerschaftsabbruch gezeigt hat. Aber auch bei aktuellen Themen wie der Stammzellenforschung, der Präimplantationsdiagnostik und dem Klonen sind diese Grundrechte entscheidungserheblich.

Ab wann Kinder selbst, insbesondere auch vor dem Bundesverfassungsgericht, (prozessual) ihre Grundrechte geltend machen können, entscheidet die so genannte Grundrechtsmündigkeit. Hinsichtlich der Grundrechtsmündigkeit gibt es zwar keine klaren Altersgrenzen (so genannte flexibel Altersgrenzen). Sie ist stattdessen auf die individuelle Einsichtsfähigkeit des Kindes in die Trageweite des jeweiligen Grundrechts abzustellen. Anhaltspunkte ergeben sich aus den Altersgrenzen bestimmter Grundrechte oder anderer Gesetze (z.B. Religionsmündigkeit ab 14 Jahre nach dem Gesetz für religiöse Kindererziehung [siehe Info zu Art. 4 GG], Asylverfahrensfähigkeit nach § 12 Asylverfahrensgesetz ab 16 Jahre Art 16 a GG). Regelmäßig dürfte man im Alter von ca. 14 Jahren auf eine entsprechende Einsichtsfähigkeit des Jugendlichen schließen können. Eine pauschale Anwendung einer Altersgrenze verbietet sich aber. Vielmehr ist stets auf den Einzelfall und das jeweilige Grundrecht zu schauen.

Privatrecht/Öffentliches Recht

Das **Privatrecht** regelt die Rechtsbeziehungen zwischen Bürgern bzw. juristischen Personen (Personenvereinigung oder einer Masse von Vermögen mit eigener Rechtsfähigkeit, z.B. Vereine, GmbH, AG).

Im Privatrecht stehen sich die Parteien selbstbestimmt und gleichberechtigt gegenüber: **Bürger – Bürger**. Daher ist das Privatrecht überwiegend dispositiv. D.h. das Gesetz gibt den Rahmen vor, innerhalb dessen die Verhandlungsparteien sich auf eine Lösung einigen können. Wichtigste Gesetze sind das Bürgerliche Gesetzbuch (BGB) und das Handelsgesetzbuch (HGB).

Im Unterschied dazu regelt das **öffentliche Recht** das Verhältnis zwischen Trägern der öffentlichen Gewalt (wie staatliche Schulen als Anstalten des öffentlichen Rechts) und Bürgern.
Das öffentliche Recht regelt also das Verhältnis **Staat – Bürger**. Es findet Anwendung, wenn ein Mitglied mit Hoheitsgewalt (z.B. Polizist) in Ausübung dieser Hoheitsgewalt (z.B. Verkehrskontrolle) auftritt.

Die Unterscheidung in Privatrecht und öffentliches Recht ist maßgebend für das anzuwendende Recht und für die Bestimmung des zulässigen Rechtswegs (wie ordentliche Gerichte [Privatrecht] oder Verwaltungsgerichte [öffentliches Recht]). Derselbe Sachverhalt kann beide Rechtsgebiete betreffen. Ein tätlicher Angriff eines Schülers gegenüber einem Lehrer beispielsweise kann privatrechtliche Schadenersatz- und Schmerzensgeldansprüche des Lehrers gegen den Schüler auslösen und eine strafrechtliche Verfolgung des Täters wegen Körperverletzung (öffentliches Recht) sowie Ordnungsmaßnahmen der Schule (öffentliches Recht) gegenüber dem Schüler nach sich ziehen.

Art. 1 GG Menschenwürde

Art. 1 GG

(1) Die Würde des Menschen ist unantastbar. Sie zu achten und zu schützen ist Verpflichtung aller staatlichen Gewalt.

Was ist eigentlich genau die Menschenwürde? Eine absolut gültige Definition gibt es nicht. Die Menschenwürde ist oberster Grundwert und Wurzel aller Grundrechte.[1] Sie ist stets im konkreten Fall zu beurteilen. Nach dem Bundesverfassungsgericht ist mit der Menschenwürde „jener Wert- und Achtungsanspruch gemeint, der dem Menschen kraft seines Menschseins zukommt, unabhängig von seinen Eigenschaften, seinem körperlichen oder geistigen Zustand, seinen Leistungen oder sozialem Status“[2]. Wo menschliches Leben existiert, kommt ihm Menschenwürde zu.[3] Sie enthält den Anspruch, als Mensch geachtet und durch staatliches Handeln nicht zum bloßen Objekt degradiert zu werden.[4]
Die Menschenwürde ist unantastbar: Auf sie kann man auch nicht freiwillig verzichten.

Zur Menschenwürde zählt auch, dass Leben nicht gegen Leben abgewogen werden darf. Das Bundesverfassungsgericht hat dies jüngst noch einmal im Hinblick auf das im Jahr 2006 verabschiedete Luftsicherheitsgesetz konstatiert. Dort war geregelt, dass im Falle eines terroristischen Angriffs mit einem Flugzeug dieses abgeschossen werden darf, auch wenn sich darin Unschuldige befinden.

Das Bundesverfassungsgericht hat dieses Gesetz für verfassungswidrig erklärt, weil damit auch tatunbeteiligte Personen vorsätzlich getötet würden, um andere zu retten.[5] Eine Abwägung der Tötung Einzelner zur Rettung Vieler stellt einen Verstoß gegen die Menschenwürde dar.

Die Schutzpflicht des Staates zur Sicherung des Existenzminimums (Hartz IV) entspringt ebenfalls der Menschenwürde wie auch das Verbot entwürdigender Strafen, der Folter und der Todesstrafe.

Die Menschenwürde gilt für alle Menschen. Sie wirkt auch pränatal (Schutz des ungeborenen Lebens – nach herrschender Meinung der Nasciturus – also in der Phase nach der Einnistung in die Gebärmutter) und postmortal (Schutz des Leichnams).

Die Menschenwürde kann man auch nicht etwa dadurch verlieren, dass man sich „unwürdig" verhält.[6] Daher hat auch selbst ein wegen Mordes zu lebenslanger Haft Verurteilter auf Grund der Menschenwürde ein Recht auf eine zweite Chance.

1| Vgl. BVerfGE 27, 6
2| BVerfGE 87, 228
3| Vgl. BVerfGE 39, 41
4| Vgl. BVerfGE 27, 6
5| Vgl. Urteil des Bundesverfassungsgerichts vom 15.2.2006 – 1 BvR 357/05
6| Vgl. BVerfGE 109, 150

§ Art. 2 GG Handlungsfreiheit, Freiheit der Person

Art. 2 GG

(1) Jeder hat das Recht auf die freie Entfaltung seiner Persönlichkeit, soweit er nicht die Rechte anderer verletzt und nicht gegen die verfassungsmäßige Ordnung oder das Sittengesetz verstößt.
(2) Jeder hat das Recht auf Leben und körperliche Unversehrtheit. Die Freiheit der Person ist unverletzlich. In diese Rechte darf nur auf Grund eines Gesetzes eingegriffen werden.

Art. 2 I GG

Die grundrechtlich geschützte allgemeine Handlungsfreiheit besagt, dass jeder vom Prinzip selbst bestimmen kann, was er tut oder auch nicht tut, solange er dabei nicht Rechte anderer beeinträchtigt. Sie schützt die Selbstverwirklichung des Einzelnen nach seinen Vorstellungen. Dazu gehört beispielsweise auch das Recht des Schülers auf ungestörte Entwicklung seiner Persönlichkeit[7]. Ferner besagt die allgemeine Handlungsfreiheit auch, dass jeder nach seinem Geschmack sein äußeres Erscheinungsbild gestalten kann. In der Schule können daher weder skurrile Kleidung noch schrille Haarschnitte der Schüler reglementiert werden. Bestimmte Kleidungsstücke können allenfalls dann verboten werden, wenn sie die schulische Ordnung gefährden (rechtsradikale Symbole, in Extremfällen sexuell aufreizende Kleidung).

Art. 1 I i.V.m. Art. 2 I GG „Allgemeines Persönlichkeitsrecht"

Aus der Kombination der Grundrechte Art. 2 I und Art. 1 I GG hat das Bundesverfassungsgericht das so genannte allgemeine Persönlichkeitsrecht abgeleitet. Es soll im Sinne der Menschenwürde die engere persönliche Lebenssphäre (Privat- und Intimbereich) absichern. Inhalt dieses Grundrechtes ist die Befugnis jedes Einzelnen, selbst zu entscheiden, wem er was von sich offenbart. Daher muss sich beispielsweise vor der Polizei oder dem Gericht niemand selbst belasten, sondern darf zu den Vorwürfen schweigen.

Auch der Zugriff des Staates auf personenbezogene Daten ist ob dieses Grundrechtes begrenzt. Es bedarf stets eines konkreten Gesetzes, das den Dateneingriff rechtfertigt. Unzulässig ist Vorratsdatenspeicherung sowie die Sammlung personenbezogener Daten ohne gesetzlich legitimierten Zweck.

Weiterhin geschützt von diesem Grundrecht sind das Recht am eigenen Bild und Wort sowie der Schutz der Ehre. Beispielsweise hatte der Bundesgerichtshof darüber zu entscheiden, ob die Lehrerbewertung im Internetportal www.spick-mich.de zulässig ist. Denn der betroffene Lehrer kann hier nicht selbst bestimmen, was von ihm in der Öffentlichkeit (Internet) preisgegeben wird. Andererseits haben die Schüler aus Art. 5 I GG ein Recht auf Meinungsfreiheit. Hier kollidieren daher widerstreitende Grundrechte. Die Bewertung von Lehrern im Internet mittels eines Schulnotensystems verletzt das allgemeine Persönlichkeitsrecht nicht, so der Bundesgerichtshof[8], sofern die Bewertung lediglich die berufliche Tätigkeit der Lehrer betrifft. Eine Entscheidung des Bundesverfassungsgerichts steht allerdings noch aus.

Art. 2 II GG garantiert jedem (auch ungeborenen) Menschen das Recht auf Leben und körperliche Unversehrtheit. Umstritten ist allerdings, wann menschliches Leben beginnt, was für die Frage von pränataler Medizin von großer Bedeutung ist.

Zur allgemeinen Handlungsfreiheit gehört auch das Recht auf Selbsttötung. Dies ist nicht nur bei Suizid entscheidend, sondern auch bei dem Wunsch, lebenserhaltende medizinische Maßnahmen abzulehnen (siehe dazu „Unser Sohn darf im Fall eines Unfalls keine Blutspende erhalten!").

7| Vgl. BVerfGE 45, 417
8| Vgl. Urteil vom 23.6.2009, VI ZR 196/08

§ Art. 3 GG Gleichheitsgrundsatz

Art. 3 GG

(1) Alle Menschen sind vor dem Gesetz gleich.
(2) Männer und Frauen sind gleichberechtigt. […]
(3) Niemand darf wegen seines Geschlechtes, seiner Abstammung, seiner Rasse, seiner Sprache, seiner Heimat und Herkunft, seines Glaubens, seiner religiösen oder politischen Anschauungen benachteiligt oder bevorzugt werden. Niemand darf wegen seiner Behinderung benachteiligt werden.

Art. 3 I GG regelt das Verbot der Ungleichbehandlung (allgemeines Willkürverbot). Staatliches Handeln darf nicht wesentlich Gleiches ungleich und wesentlich Ungleiches gleich behandeln[9]. Das Grundrecht verbietet aber nur die willkürliche Ungleichbehandlung. Gibt es einen sachlichen Grund für Ungleichbehandlung, dann ist diese zulässig. Beispielsweise können Altersbeschränkungen für die Zulassung zu einem Amt Ungleichbehandlung rechtfertigen. Für unzulässig hat das

Bundesverfassungsgericht die Schlechterstellung von gleichgeschlechtlichen Lebenspartnerschaften im Verhältnis zu Ehen im Erbschaftssteuer- und Schenkungssteuergesetz erklärt.

Art 3 II GG regelt die **Gleichberechtigung von Frau und Mann.**

Art 3 III GG verbietet die **Diskriminierung**. Das Diskriminierungsverbot gilt für staatliches Handeln.
Beispiel: Das Bundesverfassungsgericht[10] hatte sich mit der Frage zu befassen, ob es im Sinne des Diskriminierungsverbotes des Art. 3 III Satz 2 GG verfassungswidrig ist, eine körperbehinderte Schülerin gegen ihren und den Willen der Eltern von der allgemeinen Schule an eine Sonderschule zu überwiesen. Die Überweisung eines behinderten Schülers an eine Sonderschule – so das Gericht – stellt per se keine Benachteiligung im Sinne des Art. 3 III Satz 2 GG dar. Eine verbotene Benachteiligung liegt aber vor, wenn die Überweisung an eine Sonderschule auch dann erfolgt, wenn der Besuch einer allgemeinen Schule durch vertretbaren Einsatz sonderpädagogischer Förderung möglich wäre.

Das Gleichbehandlungsgrundrecht gilt, wie alle Grundrechte, im Verhältnis zwischen Staat und Bürger. Unter Privatpersonen ist der Gleichbehandlungsgrundsatz vom Grundprinzip nicht anwendbar. Mit anderen Worten, Bürger dürfen andere Bürger ungleich behandeln, solange sie sich dabei im Rahmen der Gesetze bewegen (die Grenzen wären beispielsweise bei einer Volksverhetzung oder Beleidigung überschritten). Eine Ausprägung des Diskriminierungsverbots aus Art. 3 III GG bildet im Privatrecht das Allgemeine Gleichbehandlungsgesetz.

Merke: Es gibt keine Gleichbehandlung im Unrecht. Man kann sich also beispielsweise nicht darauf berufen, dass ein anderer für den gleichen Parkverstoß kein Bußgeld bekommen hat.

9| Vgl. BVerfGE 4, 144
10| Vgl. BVerfG vom 8.10.1997 1 BvR 9/97

Art. 4 GG Religionsfreiheit

Art. 4 GG

(1) Die Freiheit des Glaubens, des Gewissens und die Freiheit des religiösen und weltanschaulichen Bekenntnisses sind unverletzlich.
(2) Die ungestörte Religionsausübung wird gewährleistet. [...]

Art. 4 I GG schützt die **Glaubens- und Gewissensfreiheit**. Zur Glaubensfreiheit zählt auch der Schutz der Ausübung des Glaubens **(Art. 4 II GG)**, und zwar sowohl die traditionelle Ausübung (z.B. Gottesdienst, Gebete, Kollekte, Prozessionen, Symbole und Riten, liturgisches Glockengeläut, Tragen eines Kopftuchs, Burka) als auch das Recht des Einzelnen, sein gesamtes Verhalten an den Lehren seines Glaubens auszurichten.

Von Art. 4 I GG geschützt ist ferner die so genannte **negative Religionsfreiheit**, nämlich nicht zu glauben und zu keiner oder nicht zu einer bestimmten Religionsgemeinschaft zu gehören. In Art. 7 III Satz 2 GG ist in diesem Zusammenhang verbürgt, dass kein Lehrer zur Erteilung von Religionsunterricht gezwungen werden kann.

Die Eltern haben gegenüber ihren Kindern im Rahmen der elterlichen Sorge das Bestimmungsrecht hinsichtlich der Religion ihrer Kinder. Dies folgt aus Art. 6 II GG. In Art. 7 II GG ist die Entscheidungsbefugnis der Erziehungsberechtigten hinsichtlich der Teilnahme des Kindes am Religionsunterricht festgehalten. Darüber hinaus finden sich weitere gesetzliche Konkretisierungen im (Reichs-)Gesetz über die religiöse Kindererziehung (RelKerzG).

Was aber bedeutet dies für das ebenfalls durch Art. 4 GG geschützte Recht des Kindes auf Religionsfreiheit?
Hier kollidieren zwei Grundrechte miteinander, das der Eltern aus Art. 6 GG (Bestimmungsrecht der Eltern) mit dem des Kindes aus Art. 4 GG (Religionsfreiheit des Kindes). In § 5 RelKerzG ist das Grundrecht des Jugendlichen aus Art. 4 I GG in der so genannten **Religionsmündigkeit** konkretisiert. Nach Vollendung des 14. Lebensjahrs steht dem Kind die Entscheidung, ob und welcher Religion es nachgehen will, selbst zu. Das bedeutet, dass die Eltern ihr Kind nicht zu einem Glauben und zur Ausübung der von ihnen gewünschten Religion zwingen können

und die Wahl des Glaubens ihres Kindes akzeptieren müssen. Allerdings haben die Eltern trotzdem noch ein Mitspracherecht, soweit das Kind weit reichende Entscheidungen für sein gesamtes Leben im Hinblick auf den Glauben treffen will (beispielsweise Schulabbruch mit Auswanderung nach Indien). Hier greift wieder die Entscheidungsbefugnis der Erziehungsberechtigten durch.

Die Grenzen der Religionsfreiheit sind erreicht, wenn die Ausübung der Religion in die Schutzbereiche anderer eingreift.
Islamisches Gebet in der Schule: Ein Schüler darf während der Pause beten, die Schule ist aber nicht verpflichtet, einen Gebetsraum zur Verfügung zu stellen.[11] Außerdem kann die Schule das rituelle Beten mit Hinweis auf den Schulfrieden bzw. die Schulordnung in der Regel untersagen. (Siehe ausführlich unter: „Unser Kind muss während des Schultages beten können!")
Tragen einer Burka auf einer Demonstration: Das Tragen einer Burka auf einer Demonstration kann untersagt werden. Hier greift das Vermummungsverbot (§ 17a Versammlungsgesetz). Ein generelles Burka-Verbot in der Öffentlichkeit wie in Frankreich wäre allerdings nach unserem Grundgesetz wegen Art. 4 GG verfassungswidrig.

11| Vgl. Oberverwaltungsgericht Urteil vom 29.9.2009 – Az.: VG A 284.07 und Urteil vom 27.5.2010. Az.: OVG 3 B 29.09, Bundesverwaltungsgericht 30.11.2011 – 6 C 20.10

§ Art. 5 GG Meinungs-, Pressefreiheit sowie Freiheit der Kunst, Wissenschaft, Forschung, Lehre

Art. 5 GG

(1) Jeder hat das Recht, seine Meinung in Wort, Schrift und Bild frei zu äußern und zu verbreiten und sich aus allgemein zugänglichen Quellen ungehindert zu unterrichten. Die Pressefreiheit und die Freiheit der Berichterstattung durch Rundfunk und Film werden gewährleistet. Eine Zensur findet nicht statt.

(2) Diese Rechte finden ihre Schranken in den Vorschriften der allgemeinen Gesetze, den gesetzlichen Bestimmungen zum Schutze der Jugend und in dem Recht der persönlichen Ehre.
(3) Kunst und Wissenschaft, Forschung und Lehre sind frei. Die Freiheit der Lehre entbindet nicht von der Treue zur Verfassung.

Art. 5 I 1 GG schützt die **Meinungsfreiheit**. Dazu gehört auch das Recht, die eigene Meinung nicht zu sagen (negative Meinungsfreiheit). Meinungen sind insbesondere wertende Betrachtungen von Tatsachen, Verhaltensweisen oder Verhältnissen und auch Fragen.[12] Von der Meinungsfreiheit sind auch falsche, verwerfliche und bewertende Äußerungen bis zur Grenze des Art. 5 II GG (allgemeine Gesetze, Jugendschutz, persönliche Ehre) geschützt.[13]
Soweit Tatsachen geäußert werden, müssen diese aber richtig wiedergegeben werden. Die Grenzen zwischen Werturteil und Tatsachenbehauptung sind allerdings nicht immer klar zu ziehen.

Gleichzeitig wird in Art. 5 I 1 GG auch die **Informationsfreiheit** gewährleistet, also die Möglichkeit, sich selbst aus allgemein zugänglichen Quellen zu informieren.

Im schulischen Kontext sind Schülerzeitungen von der **Pressefreiheit** nach **Art. 5 I 2 GG** geschützt. Sie dürfen von den Schülern auch ohne Beteiligung der Schule erarbeitet werden. Art. 5 I Satz 3 GG konstatiert ein Zensurverbot, das von der Schule beachtet werden muss. Sie darf daher keine vorbeugende Kontrolle der Schülerzeitung vornehmen. Grenzen der Meinungsäußerung in einer Schülerzeitung bilden unzulässige Beeinträchtigungen Dritter (z.B. Beleidigung eines Lehrers). Überschreitet der Inhalt der Schülerzeitung die Grenzen der Pressefreiheit, so kann der Verstoß gegebenenfalls auch mit einer Ordnungsmaßnahme der Schule geahndet werden.

12| Vgl. BVerfGE 33, 14
13| Vgl. BVerfGE 85, 14

Art. 6 GG Erziehungsrecht der Eltern

Art. 6 GG

(1) Ehe und Familie stehen unter dem besonderen Schutze der staatlichen Ordnung.
(2) Pflege und Erziehung der Kinder sind das natürliche Recht der Eltern und die zuvörderst ihnen obliegende Pflicht. Über ihre Betätigung wacht die staatliche Gemeinschaft.
(3) Gegen den Willen der Erziehungsberechtigten dürfen Kinder nur auf Grund eines Gesetzes von der Familie getrennt werden, wenn die Erziehungsberechtigten versagen oder wenn die Kinder aus anderen Gründen zu verwahrlosen drohen.
(4) Jede Mutter hat Anspruch auf den Schutz und die Fürsorge der Gemeinschaft.
(5) Den unehelichen Kindern sind durch die Gesetzgebung die gleichen Bedingungen für ihre leibliche und seelische Entwicklung und ihre Stellung in der Gesellschaft zu schaffen wie den ehelichen Kindern.

Art. 6 I GG stellt die Ehe und Familie unter den besonderen Schutz des Staates. In Absatz 2 ist das so genannte „Elternrecht" manifestiert. Dieses garantiert die Selbstverantwortlichkeit und Eigenständigkeit der Eltern bei der Erziehung und Pflege ihrer Kinder, worüber der Staat zum Schutz der Kinder wacht. Die Eltern sind in der Ausgestaltung über Ziele, Inhalte und Mittel der Erziehung frei. Das Kindeswohl ist für Eltern und Staat Leitfaden bei der körperlichen und seelisch-geistigen Sorge um das Kind. Das Recht der Eltern auf Erziehung steht in einem Spannungsverhältnis zum staatlichen Erziehungsauftrag der Schule aus Art. 7 GG (siehe dort).
Die „Wächterfunktion" des Staates verpflichtet diesen zur Unterstützung der Eltern in ihrem Erziehungsauftrag. Steht das Wohl des Kindes in Gefahr, ist der Staat nicht nur berechtigt, sondern verpflichtet, einzugreifen. Denn das Kind steht als „Wesen mit eigener Menschenwürde" unter dem Schutz des Staates.[14]

Das Erziehungsrecht der Eltern kollidiert bei widerstreitenden Interessen mit den Grundrechten ihrer Kinder. Kinder sind mit ihrer Geburt Träger der Grundrechte (siehe Grundrechtsfähigkeit). Je weiter das Kind entwickelt und damit einhergehend einsichtsfähiger ist, desto mehr rückt sein eigenes Selbstbestimmungsrecht in den Vordergrund.

14| Vgl. BVerfGE 24, 119

Art. 7 GG Schulwesen

Art. 7 GG

(1) Das gesamte Schulwesen steht unter der Aufsicht des Staates.
(2) Die Erziehungsberechtigten haben das Recht, über die Teilnahme des Kindes am Religionsunterricht zu bestimmen.
(3) Der Religionsunterricht ist in den öffentlichen Schulen mit Ausnahme der bekenntnisfreien Schulen ordentliches Lehrfach. [...] Kein Lehrer darf gegen seinen Willen verpflichtet werden, Religionsunterricht zu erteilen.
(4) Das Recht zur Errichtung von privaten Schulen wird gewährleistet. [...]

Art. 7 I GG regelt den staatlichen Bildungs- und Erziehungsauftrag, der gleichberechtigt[15] neben dem elterlichen Erziehungsrecht aus Art. 6 II GG steht. Staatlicher Erziehungsauftrag und Elternrecht verlangen ein sinnvolles Zusammenwirken der Erziehungsträger bei dem Ziel, das Kind auszubilden.[16]
Zum staatlichen Auftrag zählen die Organisation, Leitung und Planung (insbesondere auch die inhaltliche Festlegung des Unterrichts). Dabei ist die Schule nicht nur zur Wissensvermittlung verpflichtet, sondern darf und soll das Kind (gemeinsam mit den Eltern) zu einem selbstverantwortlichen Mitglied der Gesellschaft ausbilden. Die Schule ist bei der Umsetzung dieses Auftrags zur weltanschaulichen und religiösen Neutralität verpflichtet, was ein Verbot der Indoktrinierung indiziert. Sie ist darüber hinaus zur Zurückhaltung, Offenheit und Toleranz gehalten.[17]

Sexualkundeunterricht

Zu entscheiden hatte das Bundesverfassungsgericht darüber, ob der Sexualkundeunterricht in den Schulen gegen das Erziehungsrecht der Eltern aus Art. 6 GG verstößt.

Es entschied[18], dass die individuelle Sexualerziehung zwar grundsätzlich dem Erziehungsrecht der Eltern unterliege, der Staat aber auf Grund seines Erziehungs- und Bildungsauftrages aus Art. 7 I GG berechtigt sei, Sexualkundeunterricht in der Schule durchzuführen.

Leitsätze zum Urteil des Bundesverfassungsgerichts:[19]

1. „Die individuelle Sexualerziehung gehört in erster Linie zu dem natürlichen Erziehungsrecht der Eltern im Sinne des Artikel 6 II GG; der Staat ist jedoch auf Grund seines Erziehungs- und Bildungsauftrags (Art. 7 I GG) berechtigt, Sexualerziehung in der Schule durchzuführen."

2. „Die Sexualerziehung in der Schule muss für die verschiedenen Wertvorstellungen auf diesem Gebiet offen sein und allgemein Rücksicht nehmen auf das natürliche Erziehungsrecht der Eltern und auf deren religiöse und weltanschauliche Überzeugungen, soweit diese für das Gebiet der Sexualität von Bedeutung sind. Die Schule muss insbesondere jeden Versuch der Indoktrinierung der Jugendlichen unterlassen."

3. „Bei Wahrung dieser Grundsätze ist Sexualerziehung als fächerübergreifender Unterricht nicht von der Zustimmung der Eltern abhängig."

4. „Die Eltern haben jedoch einen Anspruch auf rechtzeitige Information über den Inhalt und den methodisch-didaktischen Weg der Sexualerziehung in der Schule."

5. „Der Vorbehalt des Gesetzes verpflichtet den Gesetzgeber, die Entscheidung über die Einführung einer Sexualerziehung in den Schulen selbst zu treffen. Das gilt nicht, soweit lediglich Kenntnisse über biologische und andere Fakten vermittelt werden."

Kruzifixentscheidung

Hinzuweisen ist auch auf die Kruzifixentscheidung, wonach vom Bundesverfassungsgericht entschieden wurde, dass in bayerischen Schulen entgegen des anders lautenden Schulgesetzes kein Kreuz in den Klassenzimmern hängen darf. Vom Europäischen Gerichtshof für Menschenrechte (EuGH) wurde in einem vergleichbaren Fall in Italien auch in diesem Sinne entschieden.
Allerdings hat im März 2011 der EuGH[20] seine vorherige Entscheidung revidiert. Es lasse sich nicht beweisen, dass Kreuze in Schulräumen Einfluss auf die Schüler haben. Das Kreuz sei in dem katholisch geprägten Land Italien ein „stummes,

passives“ Symbol, das keinen Einfluss auf den Unterricht habe. Ein Kruzifix als „volkstümliches Symbol“ gehöre zur nationalen Identität Italiens. Das Aufhängen eines Kreuzes in Italien verstoße mithin nicht gegen die Menschenrechte. Dieses Urteil wird auch die deutsche Rechtsprechung beeinflussen, wenn auch nicht ganz abzusehen ist, in welchem Maße. Denn in Deutschland ist die nationale Prägung durchaus unterschiedlich, wenn man Bundesländer wie Bayern und Hamburg vergleicht. Insofern führt die abweichende Entscheidung des EuGH, jedenfalls was Deutschland betrifft, zu mehr Verwirrung als Klarheit.

Kopftuchentscheidung

Das Bundesverfassungsgericht hat[21] zu dem Kopftuchverbot gegenüber einer Lehrerin entscheiden:

„Ein Verbot für Lehrkräfte, in Schule und Unterricht ein Kopftuch zu tragen, findet im geltenden Recht des Landes Baden-Württemberg keine hinreichend bestimmte gesetzliche Grundlage. Der mit zunehmender religiöser Pluralität verbundene gesellschaftliche Wandel kann für den Gesetzgeber Anlass zu einer Neubestimmung des zulässigen Ausmaßes religiöser Bezüge in der Schule sein.“

15| Vgl. BVerfGE 41, 29
16| Vgl. BVerfGE 34, 165
17| Vgl. BVerfGE 93, 17
18| Vgl. BVerfG, Beschluss vom 21.12.1977, 1 BvL 1/75; 1 BvR 147/75
19| BVerfG Beschluss vom 21.12.1977, 1 BvL 1/75; 1 BvR 147/75
20| Vgl. Case of Lautsi and others v. Italy, Application no. 30814/06, 18.3.2011
21| Bundesverfassungsgericht, Urteil vom 20.9.2003, 2 BvR 1436/02

Glossar

Abu Bakr

Nach dem Tod des Propheten Muhammad wurde Abu Bakr als erster Kalif zum Anführer der muslimischen Gemeinschaft bestellt. Seine Nachfolge im Kalifat traten nacheinander Umar, Uthman und Ali an. Allgemein werden sie als die vier „Rechtgeleiteten Kalifen" bezeichnet.

Adoleszenz

Die Adoleszenz bezeichnet die Zeit des „Heranwachsens" zwischen Pubertät und vollem Erwachsenen-Status, also heute etwa zwischen elf und 21 Jahren.

Ahadith

Die Ahadith (pl.) sind Überlieferungen, Berichte und Erzählungen über die Handlungen und Aussprüche des Propheten Muhammad. Die bedeutendsten Ahadith-Sammlungen stammen aus dem neunten Jahrhundert, d.h. es liegen zwei Jahrhunderte zwischen dem Tod des Propheten und den Aufzeichnungen seiner Handlungen und Taten.
Für die meisten Muslime bilden die Ahadith (sing. Hadith) eine Ergänzung für die Deutung des Korans, sind also diesem untergeordnet bzw. bilden die zweite normative Quelle.

Aischa

Aischa (gest. 678) war die Tochter des ersten Kalifen Abu Bakr und die dritte Frau Muhammads. Als seine Lieblingsfrau wird Aischa besonders von den Sunniten verehrt. Nach dem Tod Muhammads griff sie aktiv in die Politik ein und bekämpfte den vierten Kalifen Ali, dem sie aber in der so genannten „Kamelschlacht" unterlag. Bis zu ihrem Tod lebte sie in Medina.

Aleviten

Der Alevismus ist eine der vielen Strömungen innerhalb des Islam. Die Aleviten sind eine kulturell vielfältige Gruppe mit sehr unterschiedlichen Anschauungen, was Glaube und Lebensprinzipien betreffen. Aleviten erkennen den Koran als

Heilige Schrift an, orientieren sich jedoch weit weniger an der wörtlichen Auslegung des Korans als viele andere Muslime. Häufig werden Aleviten von streng orthodoxen Muslimen nicht als Glaubensgenossen anerkannt, manche sehen sich selbst nicht als solche. In der Türkei, das die größte alevitische Glaubensgemeinde beheimatet, werden sie trotzdem zu den Muslimen gerechnet. Etwa ein Viertel aller Türken und Kurden, die in Deutschland leben, sind Aleviten.

Ali ibn Abi Talib

Ali war Muhammads Vetter und mit dessen Tochter Fatima verheiratet. Nach Ansicht der Schiiten ist Ali der erste Kalif in der Nachfolge Muhammads, weshalb sie die ersten drei Kalifen ablehnen. Nach sunnitischer Ansicht war Ali der vierte der „Rechtgeleiteten Kalifen". Die Schiiten leiten die Reihe ihrer rechtmäßigen Herrscher in der Nachfolge des Propheten Muhammad allein von Ali her.

Aschura-Fest

Aschura bezeichnet den zehnten Tag des islamischen Monats Muharram. Das 10-tägige Aschura-Fest zählt zu den wichtigsten Feierlichkeiten des Jahres bei den Schiiten. In Trauerfeiern gedenken sie des Märtyrertodes von Husain, dem letzten lebenden Prophetennachkommen, im Jahr 680 bei Kerbela.
Für Sunniten ist Aschura ein Fastentag, an dem sie der Errettung des Propheten Moses gedenken.

Bibel

Die Bibel ist die Heilige Schrift der Christen. Der Begriff „Bibel" stammt aus dem Griechischen und bedeutet übersetzt „die Schriftrollen" oder „die Bücher". Die Bibel besteht aus zwei Hauptteilen: dem Alten und dem Neuen Testament.

Burka

Die Burka ist ein Kleidungsstück zur vollständigen Verschleierung des Körpers mit einem gitterähnlichen Sichtfenster aus Stoff oder Rosshaar. Sie wird von Muslima in Afghanistan, teilweise auch in Pakistan und Indien getragen.

Burkini

Der Burkini ist ein Ganzkörperbadeanzug aus langer Hose, Tunika und schleierartiger Kopfbedeckung, der nur Gesicht, Hände und Füße frei lässt. Für manche strenggläubige Muslima ist er das einzige Kleidungsstück, mit dem sie sorglos ins Wasser gehen kann.

Dschilbab

Dschilbab ist der Oberbegriff sämtlicher Verhüllungsgewänder der Frauen im Islam.

Erbsünde

Augustinus von Hippo (354–430) hat die Lehre von der Erbsünde entwickelt. Sie geht davon aus, dass durch die Sünde der ersten Menschen, also von Adam und Eva, die vom Baum der Erkenntnis aßen und aus dem Paradies vertrieben wurden, kein Mensch ohne Sünde geboren wird. Psalm 51:7 und Röm 5:12 werden als Belege für die Lehre von der Erbsünde angeführt.

Evangelium

Das Evangelium (griech. „frohe Botschaft") umfasst die vier Bücher Matthäus (Mt), Markus (Mk), Lukas (Lk) und Johannes (Joh) des Neuen Testaments der christlichen Bibel. Die Evangelien berichten über das Leben, Wirken, Sterben und die Auferstehung Jesu Christi.

Fatwa

Eine Fatwa ist ein Rechtsgutachten oder eine Beurteilung eines islamischen Rechtsgelehrten (Mufti) zu einer bestimmten Frage, die die Religion betrifft. Fatwas sind juristisch nicht verbindlich, können aber von Richtern zur Urteilsfindung herangezogen werden. Die Bedeutung einer Fatwa ist immer nur so groß wie die der Person, die sie ausspricht. Die Wirkung einer Fatwa hängt also immer vom Einfluss und Ansehen des Muftis ab.

Fünf Säulen

Der islamische Glaube gründet auf den Fünf Säulen. Damit werden die fünf Pflichten beschrieben, die jeder Muslim erfüllen sollte. Die erste Säule (Asch-Schahada) ist das Glaubenszeugnis, d.h. das Bekenntnis, dass es nur einen Gott gibt und Muhammad sein Gesandter ist. Die zweite Säule (As-Salat) stellt das (rituelle) Gebet dar, das 5-mal am Tag Richtung Mekka vollzogen werden muss. Die dritte Säule (Zakat) verpflichtet zur Abgabe von Almosen, d.h. jeder Gläubige soll einen Teil seines Vermögens wohltätigen Zwecken zu Gute kommen lassen. Die vierte Säule (As-Saum) betrifft das Fasten während des Ramadan, dem neunten Monat des islamischen Kalenderjahres. Die fünfte Säule (Al-Haddsch) verpflichtet die Muslime zur Pilgerfahrt nach Mekka, die jeder einmal in seinem Leben absolvieren sollte.

Halal

Das Wort „halal" kommt aus dem Arabischen und bedeutet übersetzt „das Zulässige" oder „das Erlaubte". Das Gegenteil von „halal" ist „haram", was für „das Unzulässige" „das Verbotene" steht und nicht den islamischen Vorschriften entspricht. Nach den Speisegesetzen des Islam sind bestimmte Lebensmittel und Zutaten für Muslime tabu. Dazu zählen z.B. nicht nach islamischen Vorschriften geschlachtete Tiere, alles vom Schwein und Alkohol. Nach dem Koran werden die Lebensmittel entweder in „halal" oder „haram" eingeteilt.

Hidschab

Zum Verdecken ihrer Kopfpartie tragen muslimische Frauen den so genannten Hidschab. Er bedeckt in der Regel Haar, Ohren, Hals und Schultern, während das Gesicht frei bleibt. Der Hidschab ist unter Muslima eine weit verbreitete Kopfbedeckung. Im Volksmund ist der Hidschab auch als das islamische Kopftuch bekannt. Unter Hidschab kann aber auch ein Ganzkörperschleier verstanden werden, wie er z.B. im Iran oder in Saudi-Arabien Pflicht ist.

Husain

Husain (ca. 625–680) war der zweite Sohn von Ali und Fatima und Enkel des Propheten Muhammad. Er fand 680 n.Chr. in Kerbela zusammen mit seinen Anhängern den Tod, als er versuchte, seine Herrschaftsansprüche über die muslimische Gemeinschaft gegen den sunnitischen Kalifen Yazid durchzusetzen. Husain wird als Mätyrer verehrt, als Zeichen für Leid und Unterdrückung und die Notwendigkeit, gegen Ungerechtigkeit zu kämpfen. Bis heute wird sein Todestag am 10. Muharram (Aschura-Fest) von den Schiiten als Trauertag mit Umzügen und Passionsspielen begangen.

Imam

Der Begriff „Imam" bedeutet übersetzt „Führer" oder „Vorsteher". Er bezeichnet den Vorbeter beim islamischen Ritualgebet (Salat). Die Bezeichnung „Imam" wird aber auch für Personen gebraucht, die religiöse und politische Autorität vereinen. In diesem Sinne wird der Begriff bei den Sunniten neben „Kalif" für das Oberhaupt der islamischen Umma verwendet. Bei den Schiiten steht der Begriff für ihre aus der Nachkommenschaft Alis stammenden „göttlich geleiteten" Führer.

JHWH

JHWH ist der Eigenname des Gottes Israels. Die ursprüngliche Aussprache des Gottesnamens ist unklar, da im Hebräischen nur Konsonanten geschrieben werden. Aus Respekt vor der Heiligkeit dieses Namens wird seine Aussprache im Judentum gemieden und z.B. durch „Adonaj", was so viel wie „Herr" bedeutet, ersetzt. Im Tenach bzw. Alten Testament kommt JHWE mehr als 6800-mal vor.

Kaaba

Die Kaaba gilt in der islamischen Tradition als das „erste Haus Gottes auf Erden", erbaut von den Propheten Abraham und Ismail. Sie ist ein würfelförmiges Haus, das in der Mitte der großen Moschee von Mekka steht. Eingebaut in die Kaaba ist ein schwarzer Stein aus Lava oder Basalt, der nach der Überlieferung vom Himmel gefallen ist. Der Stein ist zerbrochen und wird von einem silbernen

Rahmen zusammengehalten. Die Kaaba ist die zentrale Anlaufstelle von Millionen von Muslimen bei ihrer Pilgerfahrt nach Mekka.

Kidduschin

Kidduschin (wörtl. „Heiligung") ist ein Traktat der jüdischen Mischna in der Ordnung Naschim („Frauen"). Er behandelt Fragen und Bestimmungen zur Verlobung und zur Heirat.

Koran

Der Koran ist die Heilige Schrift der Muslime, die dem Propheten Muhammad von Gott offenbart wurde.

Koscher

Im Judentum gibt es sehr strenge Speisevorschriften. Alle Regeln dazu stehen in der Thora, in den fünf Büchern Mose. Dort wird genau beschrieben, welche Lebensmittel koscher (rein, erlaubt) und welche trefe (unrein, verboten) sind. Die jüdischen Speisevorschriften regeln darüber hinaus, wie Mahlzeiten zubereitet und wie Lebensmittel angebaut, hergestellt und gelagert werden müssen, um als koscher zu gelten.

Khimar

Khimar ist der Oberbegriff für sämtliche Formen der Kopfbedeckungen der Frauen im Islam.

Leute des Buches

Als „Leute des Buches" oder „Schriftbesitzer" werden im Islam Juden und Christen bezeichnet, da sie Angehörige einer monotheistischen Religion mit Offenbarungsschriften sind.

Mekka

Mekka, in Saudi-Arabien gelegen, ist die heiligste Stadt im Islam. Es ist der Geburtsort des Propheten Muhammad und Ziel der Pilgerfahrt, die jeder Muslim einmal in seinem Leben machen sollte (vgl. Fünf Säulen des Islam). Wenn Muslime beten wollen, müssen sie sich gen Mekka richten. Das ist der Grund, warum Moscheen stets so gebaut werden, dass eine der Wände nach Mekka zeigt.

Mischna

Nach jüdischer Überlieferung erhielt das Volk Israel im Sinai nicht nur die schriftliche Thora, sondern auch eine mündliche Lehre. Diese mündlichen Überlieferungen wurden im zweiten Jahrhundert n. Chr. in sechs thematische Ordnungen („Sedarim") verschriftlicht. Jede Ordnung besteht aus sieben bis zwölf Traktaten („Massechtot"). Die Mischna, als Teil der „mündlichen Thora", gehört mit der Gemara (die die Mischna auslegt) zum Grundstock des Talmuds. Sie bildet zusammen mit der Thora die Basis des jüdischen Religionsgesetzes (Halacha).

Miswak

Seit über 5000 Jahren putzen sich die Menschen in Afrika, Asien und arabische Gebiete ihre Zähne erfolgreich mit dem Miswak. Die Miswakwurzel ist eine fasernde Wurzel, die von Natur aus Putzkörperchen, Gerbstoffe und Mineralstoffe zur Stärkung der Zähne und Festigung des Zahnfleisches enthält.

Mizwa

Mizwa bedeutet „Gebot" und die Mizwot sind religiöse Vorschriften, die jeder fromme Jude in seinem Leben befolgen sollte. Insgesamt gibt es 613 Mizwot (darunter 365 Verbote und 248 Gebote), die in der Thora stehen.

Muhammad

Muhammad war der letzte Gesandte Gottes (nach Abraham, Moses und Jesus) und nimmt im islamischen Glauben eine einzigartige Stellung ein. Sein Wirken als Prophet und politischer Führer dauerte 22 Jahre. Die Überlieferungen über

Muhammad wurden allerdings erst Hunderte von Jahren nach seinem Tod niedergeschrieben. Zusammen mit dem Koran bilden die Geschichten über Muhammads Leben die Grundlage des islamischen Glaubens und Rechtssystems.

Naturrecht

Der Begriff „Naturrecht" stammt aus der Rechtsphilosophie und steht für die Vorstellung, dass alle Menschen angeborene, natürliche Rechte besitzen. Naturrechte wie beispielsweise das Recht auf Leben oder das Recht auf persönliche Freiheit sind unveräußerlich und gelten unabhängig davon, ob sie in staatlichen Gesetzen niedergelegt sind oder nicht. Die Formulierung von Grund- und Menschenrechten geht auf solche naturrechtlichen Vorstellungen zurück.

Nikab

Der islamische Gesichtsschleier wird Nikab genannt. Seine Trägerinnen sehen durch einen schmalen Schlitz auf Augenhöhe. Der Nikab ist vor allem auf der arabischen Halbinsel verbreitet und wird häufig mit einem Ganzkörperschleier, z.B. einem Tschador, kombiniert.

Orthodox

Orthodoxie bezeichnet allgemein eine Interpretation einer Lehre, die sich eng an die ursprünglichen Glaubensgrundlagen hält.

Ramadan

Der neunte Monat des islamischen Jahres ist der Fastenmonat Ramadan. Der Monat Ramadan ist der einzige Monat, der im Koran namentlich erwähnt wird. Es ist der Monat, in dem die Offenbarung des Korans begann. Muslime bezeichnen den Monat Ramadan als den „gesegneten Monat". Das Fasten während des Ramadan ist für jeden Muslim als eine der Fünf Säulen vorgeschrieben. Täglich zwischen Sonnenaufgang bis Sonnenuntergang nehmen die Gläubigen keinerlei Nahrung oder Genussmittel zu sich. Die Fastenzeit sollen Muslime nutzen, um ihren Geist und Körper von schlechten Angewohnheiten zu reinigen.

Rechtsschule

Im Islam gibt es verschiedene Richtungen der Auslegung des islamischen Rechts in Form von Rechtsschulen. Die Sunniten erkennen vier Rechtsschulen an, die den Namen ihrer Gründungsväter tragen: die Hanafiten, die Malikiten, die Schafiiten und die Hanbaliten. Daneben gibt es mehrere schiitische Rechtsschulen. Jede Rechtsschule folgt ihrem eigenen Lehrsystem, die zu unterschiedlichen Rechtsauslegungen führen können. So ist beispielweise die Abtreibung nach der einen Rechtsschule erlaubt, während sie nach der anderen nur unter bestimmten Voraussetzungen angewandt werden darf.

Salafismus

Unter dem Begriff Salafismus werden konservativ puritanische Bewegungen im Islam zusammengefasst. Diese Bewegungen sind fundamentalistisch und fordern eine strikte Einhaltung der islamischen Gesetze, der Scharia. Sie orientieren sich nach eigenen Angaben ausschließlich am Koran und der Tradition des Propheten Muhammad. Die islamischen Quellen sind nach den Salafisten wörtlich zu verstehen, und die islamischen Verhaltensregeln sind im Alltagsleben einzuhalten.

Scharia

Die Scharia („der Weg zur Quelle") ist das religiös begründete Recht des Islam. Sie stellt eine umfassende Lebensordnung dar, die Regeln für das Handeln der Muslime im Verhältnis zu Gott und den Mitmenschen enthält. Sie umfasst ein breites Spektrum an Ge- und Verboten, die das tägliche Leben wie auch strafrechtliche Fragen betreffen. Die primären Quellen, aus denen die Bestimmungen der Scharia abgeleitet werden, sind der Koran und die Sunna. Die Scharia als Gesamtsystem ist allerdings kein einheitlicher Rechtskodex. Das liegt allein schon in der Tatsache der unterschiedlichen Rechtsschulen begründet. Vielmehr stellt sie eine Methode dar, um das Handeln der Menschen zu gestalten. Interpretationen und Umsetzung der Scharia haben sich im Laufe der Zeit von Land zu Land sehr unterschiedlich entwickelt.

Schiiten

Schiiten ist die Bezeichnung für die Anhänger Ali ibn Abi Talibs. Sie stellen etwa 10–15 Prozent der Muslime weltweit.
Die Teilung der Muslime in Schiiten und Sunniten geht auf einen Streit um die Nachfolge Muhammads zurück. Schiiten akzeptieren allein Ali und dessen Nachfahren als Vertreter des Propheten.

Scholastik

Der Begriff „Scholastik" kommt aus dem Lateinischen und steht für die theologisch-philosophischen Lehren des Mittelalters, die eine enge Verbindung von Theologie und Philosophie anstrebten. Das zentrale Thema der scholastischen Philosophie war das Verhältnis von christlichem Glauben und vernunftmäßigem Wissen.

Schawwal

Schawwal ist der zehnte Monat des islamischen Kalenders.

Sufismus

Eine einflussreiche Strömung innerhalb des Islam bilden die Ordensgemeinschaften des Sufismus. Diese mystische Strömung hat sich schon sehr früh herausgebildet. Bereits im achten Jahrhundert gab es viele Sufi-Orden. Die wahrscheinlich bekanntesten Vertreter dieser Glaubensrichtung sind die tanzenden Derwische in der türkischen Stadt Konya. Diese versetzen sich durch schnelle Drehungen in eine Art religiöse Ekstase und versuchen so, mit Gott in Kontakt zu treten. Ziel hierbei ist, Gott so „nah" wie möglich zu kommen.

Sunna

Unter der Sunna des Propheten verstehen Muslime die Handlungsweisen des Propheten Muhammad. Muslime erachten die Befolgung und Nachahmung der Handlungsweisen des Propheten mehr oder weniger als religiöse Pflicht. Die Sunna stellt nach dem Koran die zweite normative Quelle des Islam dar.

Sunniten

Die Sunniten bilden die größte Glaubensrichtung im Islam. In den meisten muslimischen Ländern (mit Ausnahme von z.B. Iran und Irak) stellen sie die Mehrheit der Muslime dar. Die Spaltung der islamischen Gemeinschaft in Sunniten und Schiiten geht auf einen Streit um die Nachfolge in der Führung der muslimischen Gemeinde nach dem Tod des Propheten Muhammad im siebten Jahrhundert zurück.

Sure

Die Suren, die Kapitel des Korans, sind nicht chronologisch angeordnet. Grundsätzlich wird die These vertreten, dass die Suren nach ihrer Länge geordnet seien. Dieses Prinzip ist jedoch nicht konsequent durchgehalten und wird durch weitere Faktoren beeinflusst. So bestimmen auch die Themen und der Offenbarungsort die Anordnung der Suren. Insgesamt gibt es 114 Suren. Jede Sure setzt sich wiederum aus Versen zusammen. Da der Koran auf unterschiedliche Arten zu lesen ist, gibt es auch eine unterschiedliche Anzahl an Versen. Die Standardausgabe ist die 1924 in Kairo gedruckte Koranausgabe. Diese richtet sich nach der kufischen Lesart und zählt 6236 Verse. Eine in Nordafrika weit verbreitete Ausgabe zählt hingegen nur 6217 Verse.

Talmud

Talmud bedeutet übersetzt „Lehre", „Lernen" oder „Studium". Der Talmud thematisiert die Umsetzung der jüdischen Religionsgesetze im Alltag. Er gliedert sich in sechs große Ordnungen. Diese sind wiederum unterteilt in zahlreiche Traktate, die Fragen aus allen Bereichen jüdischen Lebens diskutieren. Der Kern des Talmuds ist die Mischna, die religionsgesetzlichen Lehrsätze der Schriftgelehrten der ersten Jahrhunderte unserer Zeitrechnung. Zum Text der Mischna tritt die Gemara: Diskussionen der späteren Rabbiner über die Diskussionen der früheren Rabbiner. Der Text des Talmud besteht aus der Mischna mit den sechs Ordnungen und der Gemara (Auslegung der Mischna). Es werden zwei Ausgaben unterschieden: der Babylonische und der Jerusalemer Talmud, von denen sich der Babylonische Talmud durchsetzte.

Tenach

Die hebräische Bibel, die Heilige Schrift der Juden, wird Tenach genannt. Der Tenach besteht aus drei Teilen: den fünf Büchern Mose, den Propheten und den Schriften. Das Wort „Tenach" ist eine Abkürzung der drei hebräischen Buchstaben Taf (T), Nun (N) und Kaf (K oder Ch). Dies sind die Anfangsbuchstaben der drei Teile des Tenach: Thora („Lehre" oder „Weisung"), Neviim („Propheten") und Ketuwim („Schriften").

Thora

Die Thora umfasst die fünf Bücher Moses und ist das Heiligste der hebräischen Bibel. Sie bildet den Grundstein des jüdischen Glaubens und enthält die 613 Gebote.

Tschador

Der Tschador ist ein Kleidungsstück zur Ganzkörperbedeckung. Es ist ein dunkel gefärbtes Gewand, das muslimische Frauen in der Öffentlichkeit wie einen weiten Mantel über der normalen Kleidung tragen. Während das Gesicht frei bleibt, bedeckt das um den Kopf geschlungene Gewand das Haar, den Hals sowie die Schultern. Außerdem verhüllt das Gewand den Körper seiner Trägerinnen. Im Iran und bei den irakischen Schiiten ist der Tschador die traditionelle Form der Verschleierung des Körpers.

Umma

Als Umma wird die Gemeinschaft aller Muslime weltweit bezeichnet.